2014年度国家自然科学基金面上项目（71473019）
北京市属高等学校高层次人才引进与培养计划项目（CIT&TCD20170310）
现代奶牛产业技术体系北京市创新团队

BEIJINGSHI NAIYE KECHIXU FAZHAN PINGJIA YANJIU

北京市奶业可持续发展评价研究

刘芳 何忠伟 王泽 等 著

中国农业出版社
北京

图书在版编目（CIP）数据

北京市奶业可持续发展评价研究 / 刘芳等著．—北京：中国农业出版社，2018.10
ISBN 978 - 7 - 109 - 24424 - 5

Ⅰ.①北…　Ⅱ.①刘…　Ⅲ.①乳品工业—企业发展—可持续性发展-评价-研究-北京　Ⅳ.①F426.82

中国版本图书馆 CIP 数据核字（2018）第 164918 号

中国农业出版社出版
（北京市朝阳区麦子店街 18 号楼）
（邮政编码 100125）
责任编辑　冀　刚

中国农业出版社印刷厂印刷　　新华书店北京发行所发行
2018 年 10 月第 1 版　　2018 年 10 月北京第 1 次印刷

开本：850mm×1168mm 1/32　　印张：5.5
字数：180 千字
定价：25.00 元

著者：刘　芳　何忠伟　王　泽　郭江鹏
王　琛　任　康　杨宇泽　胡　鑫

前言

PREFACE

近年来，随着经济发展水平和人均消费水平的不断提高，北京市奶业进入了繁荣发展的新时期。奶牛养殖环节，生产经营效率不断提高；生产加工环节，乳制品企业规模不断扩大；市场消费环节，市场消费需求不断增多；资源与环境环节，排污技术不断发展；社会与文化环节，支撑力度不断加大。但北京市奶业在快速发展的背后，仍然存在一些隐患。本书在客观分析北京市奶业发展现状的基础上，利用科学的分析方法，通过不同角度，对北京市奶业可持续发展问题进行全面深入的研究，最终提出相应的政策建议。

本书研究的核心部分有 3 个，分别为北京市奶业可持续发展水平评价、影响因素分析和能力评价。这 3 个核心部分的研究成果，客观地回答了 3 个问题，分别是北京市奶业可持续发展水平处在什么阶段、影响北京市奶业可持续发展的主要因素是什么、北京市奶业在未来的发展能力如何。运用的模型和方法主要包括多级模糊综合评价法、DEMATEL 模型、主成分分析和聚类分析，使用的数据分析软件分别为 MATLAB 和 SPSS。

分析结果表明，北京市奶业可持续发展水平呈现“W”形发展走势。即发展水平总体增长，但波动幅度较大。说明北京市奶业正在向可持续发展方向过渡，但过程不太稳定。影响北京市奶业可持续发展的最重要因素是国外乳制品对本土市场的冲击。为了解决这一问题，必须通过奶牛养殖、生产加工、资源与环境、社会与文化、市场与消费 5 个环节的合力支持才能实现。北京市奶业可持续发展能力在基础环节和资源与环境环节表现较弱，在市场消费环节表现突出。最后，本书针对 3 个核心部分所分析出的问题，提出了合理的政策建议。

本书在资料收集的过程中得到了北京市农业局、北京市农村合作经济经营管理站、北京市奶牛创新团队各综合试验站的大力支持；北京农学院经济管理学院的范萱丽、王敏等研究生在大量的京郊调研和繁杂的数据整理过程中付出了辛勤的劳动；还有本书引用诸多学者的文献是本书形成的必要基础，在此一并表示感谢！

最后，由于时间和研究水平的限制，本书还存在很多的不足，敬请各位读者批评指正！

著　者

2018 年 1 月

目录

CONTENTS

1 绪　　论

1.1　研究背景、目的和意义

1.1.1　研究背景

奶业作为农牧业中少数拥有完整产业链条的支柱、民生产业，对于我国农村增收、农民致富和城乡一体化发展具有重要的推动作用，也是增强国民体质、实现伟大“中国梦”的重要基础产业之一。

近年来，随着北京市经济的快速发展和人均收入水平的不断提高，北京市奶业迎来了繁荣发展的新时期。养殖规模化程度不断增强，乳制品企业加工水平不断提高，市场消费活力不断释放，种源控制能力不断增强。

1.1.2　研究目的和意义

在北京市奶业快速发展的背后，存在着诸多问题。例如，奶牛养殖成本逐年攀升，乳制品企业竞争不断加剧，乳制品市场消费需求日趋饱和，土地资源、水资源日益匮乏，养殖过程中环境污染不断加剧，奶业文化发展程度不高等问题，严重制约着北京市奶业的发展。在此大背景下，开展北京市奶业可持续发展评价研究，可以为相关部门提供重要的政策建议，为北京市奶业找到一条可持续发展的道路。

理论意义：本研究涉及产业经济、生态环境以及社会系统之间的关系，可以完善可持续发展理论；涉及可持续发展理论、区域可持续发展理论、系统论、循环经济理论、都市型现代农业理论、利益相关者理论和奶业文化发展的相关理论，并通过可操作的评价方法将可持续发展理论现实化，为北京市奶业发展阶段、质量和程度进行综合评价。

现实意义：有利于对现阶段北京市奶业发展水平进行正确评估，并找出可持续发展过程中的不足，为北京市奶业可持续发展方向进行科学的预测。对指导北京市奶业实现跨越式发展具有重要的指导意义。

1.2 研究综述

自第二次世界大战以来，全球的发展观经历了几次重大变革，从“增长理论”到“发展理论”再到“可持续发展理论”，人类的认识逐渐深化。1962 年，美国的卡逊女士出版《寂静的春天》首次提出了可持续发展观念的雏形，标志着可持续发展理念的诞生；1972 年，在瑞典首都斯德哥尔摩，举行了世界人类环境大会，共同提出“只有一个地球”，在人类历史上首次发布了《人类环境宣言》；1980 年 3 月，由联合国环境规划署（UNEP）、国际自然资源保护同盟（IUCN）和世界野生生物基金会（WWF）共同组织发起，多国政府官员和科学家参与制定的《世界自然保护大纲》初步提出可持续发展思想，强调“人类利用对生物圈的管理，使生物圈既能满足当代人的最大需求，又能保持其满足后代人的需求能力”（牛文元，2012）。

早在 1972 年，中国就组织代表团参加了联合国在瑞典斯德哥尔摩召开的世界人类环境大会。1992 年，时任国务院总理李鹏亲自率团参加了联合国环境与发展大会，并向大会提交了《中华人民共和国环境与发展报告》，阐述了中国关于可持续发展的基本立场和观点，并代表中国政府做出了履行《21 世纪议程》等会议文件的庄严承诺。在中国政府的强力推动下，1992 年 1

月，国内首次在中国科学院科技政策与管理科学研究所成立了以牛文元教授为首的环境与持续发展研究室。1994 年，中国出版发行了第一部关于可持续发展的理论专著——《持续发展导论》（牛文元著）。1994 年，北京大学成立了以叶文虎教授为首的中国持续发展研究中心。该中心 1995 年出版发行了以探讨中国可持续发展战略为中心的论文集——《可持续发展之路》。与此同时，中国 21 世纪议程管理中心编辑出版了《论中国的可持续发展》，基本代表了中国政府的观点和原则立场（曾昭斌，2007）。

1.2.1　国内研究综述

在可持续发展理论内涵研究方面，牛文元（2014）将可持续发展理论内涵用 3 个本质元素表达，即发展的“动力”、发展的“质量”、发展的“公平”。只有上述三大本质元素的宏观表达，包容在可持续发展进程的不同水平和不同阶段并获得最佳映射时，存在的“发展内涵”就具有了统一可比的基础，对于发展的追求才具备了可管控的和可测度的共同标准。持续发展的动力（DS）、质量（QS）、公平（ES）的交集最大化，应当是实现可持续战略目标与推进可持续能力建设的最高要求。李来胜（2002）提出可持续发展思想的内涵是人与自然、当代与后代、全球整体的协调发展。唐善茂（2009）在总结前人对可持续发展理论内涵的基础上，进一步提出了可持续发展理论内涵还应包括以人的发展为价值取向和终极关怀，依靠科技进步和生态创新，统筹其所处的社会、经济和生态条件，以尽可能少的资源消耗和尽可能小的环境、社会、经济成本实现最大综合效益的发展。

随着可持续发展理论在我国的发展，众多学者不断将其应用到区域、产业可持续发展领域。在区域可持续发展研究中，余丹林（1998）论述了区域可持续发展评价指标体系构建的必要性及其构建的基本原则。在此基础上，对区域可持续发展评价指标体系构建的大致框架进行了设计，并就指标体系构建中应注意的一系列问题及指标选取中定性与定量的关系问题做了扼要的论述。贾若祥（2003）对中国区域可持续发展状态及类型进行了划分，建立了区域可持续发展状态评价指标体系，对中国31个省、自治区、直辖市的可持续发展状态进行了评价。按照评价结果，全国共分为6种不同类型，并得出中国区域可持续发展状态大体呈从沿海—沿边—中部—中西部递减的结论。张金萍（2009）从社会-经济学方法、生态学方法、系统学方法、新兴方法4个方面透视区域可持续发展定量研究方法的变动过程及趋势。分析结果表明，伴随文献的逐年递增，定量研究所涉及的学科领域不断拓展；方法体系由单调走向丰富，但模型的作用有被夸大的趋势；研究内容以水平评价为主，其他评价内容较少涉及；多尺度及动态的时间序列研究全面铺开，但时空结合研究有待深入。陆大道（2012）阐述了区域可持续发展研究在我国的兴起与作用，将区域作为一个开放、动态变化的系统，探讨其对经济全球化和全球气候变化的响应状态及应对能力，研究区域系统中区域之间的相互作用和相互依赖以及区域内部不断增长的发展需求与资源环境约束之间的协调程度。区域可持续发展研究，弥补了地球系统科学重自然圈层相互作用、轻自然与人文圈层相互作用的缺陷方面具有独到的学科价值。

在产业可持续发展领域研究中，大量的定性和定量分析方法被集中应用。冯琪（2007）在探讨了创意产业与城市的双向互动关系的基础上，运用新经济增长理论和相关理论分析了城市创意产业发展影响因素和内外部动力机制，并探索性地提出了城市创意产业发展影响因素模型。接着，基于SPSS 16.0分析软件，运用实证研究方法对城市创意产业发展影响因素模型进行了验证和修正。最后，在此基础上提出了陕西省西安市创意产业发展的政策建议。岳宏（2011）运用主成分分析法，找出了影响我国肉牛产业经济、社会、资源利用与环境可持续发展的主要因素，并提出了我国肉牛产业可持续发展道路与模式选择。葛锐（2013）在对黑龙江省奶业可持续发展评价指标体系进行量化处理的基础上，运用可持续发展障碍度分析，将各年度影响奶业可持续发展障碍度≥5%的指标按从大到小顺序排列，得出影响黑龙江省奶业可持续发展的主要障碍因素，最终针对这些障碍因素，提出了促进黑龙江省奶业可持续发展的对策和措施。贾瑞稳（2013）运用层次分析法对影响海洋生物产业可持续发展的因素进行了分析，并以山东省 6 个沿海城市为研究对象，在利用评价指标体系对 6 个沿海城市海洋生物产业可持续发展水平进行科学判断的基础上，发掘推动各市海洋生物产业发展的潜在优势。田雪莲（2013）运用 DEMATEL 模型对黑龙江省石墨产业可持续发展影响因素进行了分析，找出了产业可持续发展的关键影响因素。并对其进行分析，提出了黑龙江省石墨产业可持续发展的建议。袁子嘉（2013）从制度和人员因素总结分析影响档案事业可持续发展的问题，具体从领导因素、档案管理机制和规章制度、档案队伍及信息化等方面展开，分析档案事业可持续发展所存在的问题。并针对出现的问题，提出了相应的改革措施和建议。陈洁燕（2007）运用因子分析及聚类分析的方法，对苏北地区可持续发展能力进行了科学的评价，并总结了区域内各县可持续发展能力的空间特征。仇方道（2009）把 MFA 和 DEA 模型应用到了东北地区矿业城市可持续发展能力的评价中，并对不同发展阶段和不同规模的矿业城市进行了可持续发展能力对比，最终提出了合理的政策建议。黄燕玲（2009）运用非线性模型，结合 MATLAB 软件中的 GA 遗传算法工具箱对西南少数民族地区农业旅游地进行了可持续发展能力评价。曹辉（2014）以陕西省作为研究样本，运用了熵权灰色关联模型，对陕西省区域可持续发展能力进行了科学的评价，并最终确定了陕西省可持续发展水平在全国所处的位置。本书运用主成分分析法及聚类分析法对北京市奶业可持续发展能力进行科学的评价，分析出北京市奶业各个环节的可持续发展水平在全国所处的位置，并提出合理的政策建议。

在系统论相关研究中，闫旭辉（2010）详细地解释了系统论的核心思想是，利用科学领域那些以系统整体论的思想来寻求对人类世界存在的各种复杂性的解释，系统运动发展的主要内容就是由这种系统整体论思想来解决现实世界问题的所有努力活动的集合。这些活动的主要特征体现在科学家们努力采用系统整体论的思想而不是还原论的思想来解释和处理现实世界中的问题。赵晓康（2002）解释了辩证系统思想承认存在社会和组织压力，这些压力迫使人们在某些情况下，不得不接受一些方法论和理论。因此，不同场合选择不同的方法论，对指导人们干预系统的行动十分必要。辩证系统思想致力于人类解放。因此，辩证系统思想是要为个人自身发展创造良机，也就是要让人发挥全部潜能。21 世纪将是软硬系统理论与思想融合发展的时代。

在循环经济理论相关研究中，陆学（2014）简要地说明了循环经济理论的萌芽来源于“宇宙飞船经济”，其概念最早由 Pearce 等提出。20 世纪末循环经济理论被系统地引入中国学术界，此后循环经济在中国迅速发展，目前其理论研究与实践领域已经从废物回收利用逐步扩展到生产生活的各个方面。肖忠海（2009）分析了循环经济理论在中国应用的现状，上海市把循环经济纳入社会经济发展规划，大力发展生态工业和生态农业，在清洁生产、节能、节水、废弃物资源化等方面开展了大量工作。辽宁省发展循环经济振兴老工业基地，创建了一批循环经济型企业、生态工业园区和几个资源循环型城市，初步建立起发展循环经济的机制和框架。贵阳市作为国家环境保护总局（现为生态环境部）批准的首座循环经济试点城市，同时也是西部地区发展循环经济进行跨越式战略转型的首次尝试，提出了“一个目标、两个环节、三个核心系统和八大循环体系”的战略框架，建立“政府主导、规划先行、制度建设、立足生产、转变观念”的循环经济建设和推进体系。

在都市型现代农业理论的研究中，俞菊生（2011）总结了都市农业概念兴起于发展的过程，“都市型现代农业”这一称谓是由“都市农业”演变而来，属于同类事物的内涵延伸。即在“都市”的基础上实现“现代”，因而可以认定两者是同源的。对于“都市型现代农业”或“都市农业”提法起源的研究，主要围绕日本、美国两方展开。20 世纪 80 年代末，“都市农业”一词首次由上海农业科研机构翻译介绍给中国大陆学者。这已经成为学界的共识，且根据翻译的出处，后继的研究者多数赞同都市农业起源于日本。俞菊生、黄映辉、方志权、章浩等均认为日本学者青鹿四郎于 1935 年所著《农业经济地理学》一书中首次提出了“都市农业”的概念，而且他们的论断也得到众多同行的转引。其中，章浩认为，日本都市农业经历了从“过渡农业”到“计划保全农业”的变迁，且是经由一系列法律的颁布来确定都市农业的地位和实施准则。王丽彬（2013）从都市农业功能的角度出发，总结了都市农业在北京市发展的前景。北京的都市现代农业主要体现食品生产、生态屏障和服务都市三大功能。随着都市建设的不断发展，城市不断向郊区扩展，服务功能更为重要。此外，北京市还重视可持续发展都市现代农业。第一，大力推行植树造林，提高森林覆盖率。第二，开发研制低毒、低残留的农药产品，大力倡导生物防治替代农药防治。第三，采取科学施肥、提高肥料利用率的措施，以减少化肥使用量，进而保护土地和水资源。第四，综合开发农村新能源和可再生能源，减少传统燃料的使用量，降低废气排放量，以改善农村生态环境。

在利益相关者理论研究中，肖拥军（2008）总结了一些有代表性的观点。国内学者贾生华、陈宏辉对利益相关者界定的研究有一定代表性。他们认为，“利益相关者是指那些在企业中进行了一定的专用性投资，并承担了一定风险的个体和群体，其活动能够影响该企业目标的实现，或者受到该企业实现其目标过程的影响”。这一概念既强调专用性投资，又强调利益相关者与企业的关联性。刘利（2009）总结了利益相关者理论发展的历史，利益相关者理论是20世纪60年代左右，在美国、英国等长期奉行外部控制型公司治理模式的国家中，对主流企业理论的质疑和批判中逐步产生和发展起来的。利益相关者理论认为，企业并不完全是股东的实物资产的集合体，企业所有的利益相关者都拥有企业所有权。为了保证企业的持久生存和发展，公司治理安排必须恰当地考虑和满足各利益相关者的利益要求，在公司治理结构中要给其他利益相关者留有足够的发言权。

1.2.2 国外研究综述

可持续发展作为具有跨时代意义的发展观念，由国外专家学者首次提出。来自美国的卡逊女士（1962）在《寂静的春天》中，首次提出了可持续发展观念的雏形，标志着可持续发展理念的诞生。在不久的30年后，在世界银行工作的Daly和Cobb（1990）在合作的新书中阐述了可持续发展的动态性，指出可持续发展不仅发生在单一的经济领域，也时刻影响着环境领域。

经过了一段时间的发展，可持续发展逐步扩展到区域领域，世界环境与发展委员会（1987）发表的《我们共同的未来》，标志着区域可持续发展理论的成立。日后，各国学者沿着这条道路，将可持续发展理念延伸到了更加宽广的层次。

西方资本主义国家十分注重金融业的发展，所以可持续发展理论最早应用到的领域就是金融领域。戈德·史密斯（1969）在《金融结构和金融发展》一书中对金融结构和经济增长的关系进行了全面的描述和分析。麦金农、肖（1973）进一步阐述了金融业可持续发展对经济增长的作用和反作用。费（1988）在前人研究的基础上得出了金融自由化是经济增长可持续发展的关键动力的结论。

利益相关者理论是和可持续发展理论相互影响、相互配套的理论，二者有着非常紧密的联系。潘罗斯（1959）提出了“企业是人力资源和人际关系结合的产物”，奠定了利益相关者理论的发展基调。安索夫（1965）正式将利益相关者理论引入了企业管理和经济学的研究中。此后，利益相关者理论不断地发展，最终延伸到社会的各个产业当中，成为各个产业向可持续方向发展的前提基础。

系统思想理论最早由美籍奥地利生物学家贝塔朗菲（1940）提出，日后经过众多学者的继承和发展，不断丰富了系统思想理论。总体来看，杰克逊（1962）将当前系统思想论的研究分为了5个部分，即组织系统理论、硬系统思想、组织控制论、软系统思想和辩证系统思想。

循环经济是可持续发展理论重要的支撑理论，与可持续发展理论相似度很高。最早由英国环境经济学家 D. Pearce 于 1990 年提出，延伸到了今天的产业生态学和“大循环”体系。

1.2.3 文献评述

国内外学者对可持续发展理论和其他相关理论的研究侧重点体现在了现状和趋势等方面。可持续发展理论从单一的经济理论，不断发展，逐渐延伸到了社会的各个产业当中，发挥着不可或缺的作用。国外学者研究起步早，理念发展速度快，值得我国学者们交流和借鉴。

1.3 研究的主要内容和方法

本书研究目标是在结合北京市奶业发展现状及相关理论研究

的基础上，建立北京市奶业可持续发展评价指标体系，运用 DEMATEL 模型分析出影响北京市奶业可持续发展的重要因素和急需解决的核心问题。通过模型分析结果，得出可以解决核心问题的驱动指标，并提出合理政策建议。最后，运用主成分分析法和聚类分析法，对北京市奶业可持续发展的 3 个环节进行得分计算和全国排名，显示出北京市奶业可持续发展能力水平在全国的位置，并提出合理的政策建议。

1.3.1 研究内容

1 绪论

本章主要从研究背景、目的、意义和技术路线 4 个层面，概述了本研究的大体思路。

2 相关理论研究基础

本章详细介绍了可持续发展理论、环境承载力理论、生态经济理论、系统理论、循环经济理论、都市型现代农业理论、利益相关者理论的主要思想，为研究北京市奶业可持续发展问题提供了科学的理论依据。

3 北京市奶业概况

本章主要对北京市奶业偏效率方面的指标进行了概述，为研究北京市奶业可持续发展问题打下了坚实的基础。

研究方法：文献分析、图表分析。

数据来源：《中国奶业年鉴》《北京统计年鉴》。

分析结论：从北京市奶业产业链的 5 个环节进行概述，全面地反映了北京市奶业目前发展的具体情况。

4 北京市奶业可持续发展现状分析

本章主要分析了北京市奶业可持续发展的现状和主要特点，总结出了北京市奶业向可持续发展方向迈进的优势和劣势，为模型实证分析部分做好了铺垫。

研究方法：文献分析描述性统计。

研究指标：反映北京市奶业各环节生产效益的各项指标。

数据来源：《中国奶业年鉴》《北京统计年鉴》。

分析结论：通过现状分析，本书发现了北京市奶业可持续发展的优势和问题。

5 基于利益相关者理论的北京市奶业可持续发展分析

本章运用了利益相关者理论模型对北京市奶业可持续发展中的各个利益相关者进行了详细分析，并且构建了北京市奶业可持续发展利益相关者图谱。

研究方法：利益相关者理论模型。

分析结论：北京市奶业的核心利益相关者是乳制品加工企业，想要实现可持续发展，就要构建以乳制品加工企业为核心的奶业协同创新发展新模式。

6 北京市奶业可持续发展水平评价

本章运用了多级模糊综合评价法，对北京市奶业可持续发展水平进行了综合评价，最终用得分的形式，总结了近年来北京市奶业可持续发展的变化规律。

研究方法：定量分析法（多级模糊综合评价法）。

研究指标：构建了北京市奶业可持续发展评价指标体系，其中包含了 34 个定量指标。

数据来源：《中国奶业年鉴》《北京统计年鉴》。

分析结论：通过分析发现，近年来北京市奶业可持续发展水平处于“震荡”阶段，发展规律起伏不定，但总体发展呈上升趋势。

7 基于 DEMATEL 模型的北京市奶业可持续发展影响因素分析

研究方法：DEMATEL 模型。

研究指标：沿用水平评价的 34 个指标。

数据来源：《中国奶业年鉴》《北京统计年鉴》。

研究结论：通过模型分析结果，可以看出，国外乳制品市场占有率是北京市奶业可持续发展的最重要影响因素。要想解决这个问题，必须依靠其他 4 个环节的支持。

8　北京市奶业可持续发展能力分析

研究方法：主成分分析法和聚类分析法。

研究指标：北京市奶业可持续发展评价指标体系精简后的 18 个指标。

数据来源：《中国奶业年鉴》《北京统计年鉴》。

研究结果：通过模型分析结果可以看出，北京市奶业在基础环节的可持续发展能力较弱，资源环节的可持续发展能力也同样偏弱。但在乳制品市场与消费环节，北京市奶业的可持续发展能力很强，达到了全国第二的水准。

9　政策建议

以模型分析结果为基础，针对各模型分析出的问题，提出了相应的政策建议。

10　不足与展望

本章论述了本研究存在的不足和对北京市奶业未来可持续发展的展望。

1.3.2　研究方法

拟采用的研究方法有：

（1）文献研究法。通过查阅大量关于可持续发展理论和其他相关理论的专著和论文，归纳总结前人研究的成果，为本研究奠定基础。通过查找各类年鉴，获得大量数据，用于本研究的定量分析。

（2）定量分析法。在查阅大量年鉴，获得准确数据的基础上，运用 DEMATEL 模型分析北京市奶业可持续发展的影响因素及核心问题。首先利用 SPSS 19.0 软件构建北京市奶业可持续发展相互系数影响矩阵，通过平均值赋值法，构建直接影响矩阵。再使用 MATLAB 软件对直接影响矩阵进行标准化，根据相关公式，最终得出综合影响矩阵。

DEMATEL 方法，又称决策试验和评价实验法（decision making trial and evaluation laboratory），是一种运用图论和矩阵对复杂系统进行要素分析的方法。通过分析系统中各要素之间的逻辑关系和直接影响关系，可以对各影响要素的重要程度进行分析。

①构建相互系数影响矩阵。因专家打分主观性较强，本研究决定通过 SPSS 19.0 软件，构建由 34 个指标构成的相互系数影响矩阵。

②构建直接影响矩阵。对相互系数影响矩阵中的每一行求平均数，每行大于平均数的赋值为 1（有直接影响），小于平均数的赋值为 0（无直接影响），构建直接影响矩阵。

③直接影响矩阵标准化。对构建的直接影响矩阵进行标准化处理，得到矩阵 K。

④综合影响矩阵。

$$T = K + K^2 + K^3 + K^4 + \cdots + K^n = K(I - K)^{-1}$$

式中，I 代表单位矩阵。

⑤分析综合影响矩阵结果及绘制中心、原因度散点图。在综合影响矩阵 T 中，R 为行和，代表某指标影响其他指标的程度；D 为列和，代表某指标被影响的程度；$R+D$ 代表某指标在系统中的重要程度；$R-D$ 代表某指标影响或被影响的程度。若 $R+D$ 为正，证明其对其他指标的影响较大，又称原因指标；若 $R-D$ 为负，则证明其受其他指标影响较大，又称结果指标。$R+D$、$R-D$ 分别被称为中心度和原因度。最终运用 SPSS 19.0 软件，绘制中心度与原因度的散点图，分析各指标在系统中的重要程度和改善的急迫性和重要性。

在处理可持续发展能力评价指标数据时，先将原始横截面数据输入至 EXCEL 2007 中。在标准化过后导入 SPSS 19.0 软件，为相关统计分析做好前期准备。

①主成分分析。主成分分析法是将多个变量通过线性变换以选出较少个数重要变量的一种多元统计分析方法。

第一步，采用 KMO 检验和 Bartlett 球形度检验来确定变量是否适合主成分分析。将标准化后的数据导入 SPSS 19.0 软件，经计算得到 KMO 值、P 值，表明所选变量适合进行主成分分析。

第二步，主成分因子提取。分别对北京市奶业基础环节可持续发展能力、市场环节可持续发展能力、社会与自然可持续发展能力指标的因子变量进行主成分分析，并采用最大方差法对主成分载荷矩阵进行正交旋转，利用旋转后的结果提取累计方差贡献率大于 80%的主成分因子，用来提取指标的大部分信息。由此方法得出的结果显示，北京市奶业基础环节可持续发展能力提取了 3 个主成分因子，市场环节可持续发展能力提取了 2 个主成分因子，社会与资源可持续发展能力提取了 2 个主成分因子。

第三步，主成分命名。通过分析北京市奶业各个环节可持续发展能力旋转成分矩阵，得出以下主成分。奶业基础环节：北京市奶业奶牛养殖能力、北京市奶业基础环节盈利能力、北京市奶业基础环节效率能力。奶业市场环节：乳制品加工企业盈利能力、北京市奶业市场环节发展潜力。社会与自然环节：北京市奶业社会支持能力、北京市奶业水资源支持能力。

第四步，计算可持续发展能力得分。主成分提取完毕后，需要运用 SPSS 19.0 软件计算每个主成分因子的得分，并以各个主成分因子的贡献率为权数进行线性加权求和，分别计算北京市奶业基础环节可持续发展能力 $F(X_1)$、北京市奶业市场环节可持续发展能力 $F(X_2)$，北京市奶业社会与自然环节可持续发展能力 $F(X_3)$。

第五步，综合得分及排名。

②聚类分析。为了进一步说明北京市奶业各环节可持续发展能力在全国的位置，需要进一步的分析与讨论。利用 SPSS 19.0 软件将各个主成分作为变量进行聚类分析。采用的聚类方法为系统分类中的 Q 型聚类，目的是将具有相似性特征的样本聚集到一起，从而分离出差异较大的区域样本输出结果。

在运用多级模糊综合评价法对北京市奶业可持续发展水平进行评价时，首先确定因素集 E、评语集 B、权重集 W 和隶属度向量 R。用权重集与单因素模糊评价矩阵做模糊运算，得到评价结果：

$$C = W \cdot R = [W_1, W_2, \cdots, W_n] \cdot \begin{bmatrix} r_{11} & r_{12} & \cdots & r_{1n} \\ r_{21} & r_{22} & \cdots & r_{2n} \\ \cdots & \cdots & \cdots & \cdots \\ r_{m1} & r_{m2} & \cdots & r_{mn} \end{bmatrix}$$

$$= [C_1, C_2, \cdots, C_n]$$

最后，将各因素的 C 值（指标得分）相加，得出每一个子系统 C 值（子系统得分）。利用同样的方法得出整个系统的得分。

1.4　研究的技术路线

见图 1.1。

1.5　创新之处

1.5.1　北京市奶业可持续发展评价指标体系的构建

在研究北京市奶业发展现状的基础上，科学、系统地构建了北京市奶业可持续发展评价指标体系，包括目标层、准则层和指标层 3 个基本圈层。目标层为北京市奶业可持续发展，准则层包括奶牛养殖、生产加工、市场消费、资源与环境、社会与文化这

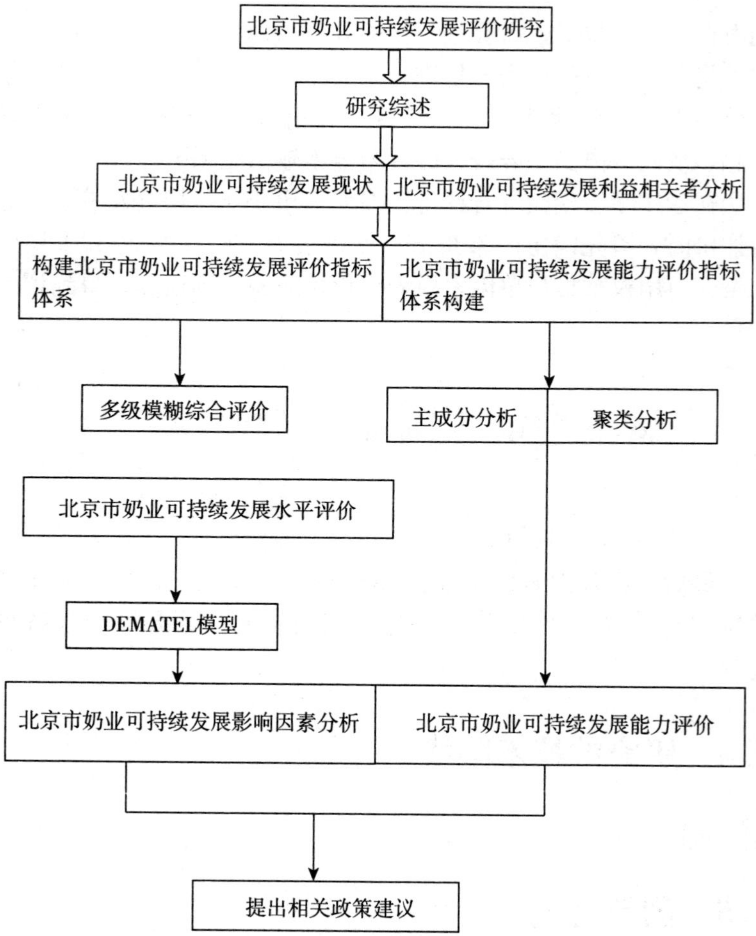

图 1.1　研究的技术路线

五大要素。在构建准则层的基础上，在这五大要素下面构建了34个重要的研究指标。这些指标详细地解释了准则层五大要素的发展内涵。其涵盖了自然生态、社会生产、市场消费等人类发展的各个环节，全面系统地构建了一套全面、科学的指标体系。

这也是北京市奶业第一个可持续发展评价研究体系，对于指导北京市奶业向着可持续方向发展，具有重要的战略意义。

1.5.2　定量化的研究思路

随着大数据时代的来临，定量研究的重要程度日益增强。本书在对北京市奶业可持续发展进行总体评价时，运用了多级综合模糊评价法。在对北京市奶业可持续发展影响因素进行分析时，运用了 DEMATEL 模型。在对北京市奶业可持续发展能力进行评价时，运用了主成分分析法和聚类分析法。这 4 种分析方法均为定量分析方法。也就是说，本书尝试着打破传统的研究思维，所有研究结果均由数据分析完成，完全排除了人为因素的影响。虽然在权重设计层面上，过于客观的数据波动往往缺少一些主观能动性，但本书还是希望通过纯定量研究，得出科学性最强的研究结果。这也是本书在研究思路上面的一大创新之处。

1.5.3　研究的全面性

在以往的研究中，许多学者没有对一个行业的可持续发展问题进行全面系统的分析。有的只停留在现状分析上，有的只得出了可持续发展总体评价，没有再进一步地去研究其他问题。本书的另一个创新之处就在于，在分析北京市奶业发展现状的基础上，从多个角度分析了北京市奶业可持续发展的总体水平、影响因素和能力评价，形成了全面系统的奶业可持续发展研究体系框架，研究成果完整且关联性高，对北京市奶业向着可持续方向发展具有重要的现实意义。

1.5.4　引入了利益相关者理论模型

利益相关者理论，最早作为企业战略管理的重要理论之一，在管理学领域占据着举足轻重的地位。日后，随着该理论的成熟与演变，逐渐被一些专家学者引入产业经济学的相关研究当中。

本书第一次将利益相关者理论模型引入北京市奶业可持续发展现状研究中，以乳制品加工企业为核心利益相关者，对北京市奶业产业链的各个利益相关者及其利益关系，进行了科学系统的分析，也为本书的定量分析打下了坚实的研究基础。

1.5.5 “奶业＋观光旅游”模式的提出

北京市作为典型的国际化大都市，发展都市型现代农业已有多年的历史。但北京市奶业依然保持着传统的生产经营模式，奶牛养殖环节的主要任务是生产优质的原料奶，但其并没有和第三产业相结合，没有产生额外的附加值。本书在可持续发展观的指导下，提出了“奶业＋观光旅游”这种新的奶业经营模式。目的是打破传统的牛场经营观念，发展适度规模化养殖，将奶业资源与自然环境有机地结合起来，发展有特色的“奶牛养殖观光带”，让京郊的牛场成为一道亮丽的风景线。通过体验农牧生活的方式，为市民创造一个周末假日休闲的区域。这不仅能够为奶农带来额外的收入，还可以积极地宣传奶业文化，让市民在体验中受到奶业文化的熏陶，真正养成消费乳制品的习惯。

2 相关理论研究基础

2.1 可持续发展理论

可持续发展理论的形成经历了很长的一段时间。1962 年，美国的卡逊女士出版《寂静的春天》，引发人们对于人类发展是否给自然界带来灾难的思考与争论，到 1992 年联合国环境与发展大会参会人员首次认同可持续发展的核心思想，经历了 30 年的争议与批评，最终得到了主流社会的认同。

2.1.1 可持续发展的概念

与其他经济学理论形成与发展的过程一样，可持续发展理论在形成与发展的过程中，由于不同学者对于理解可持续发展理念角度和侧重点的不同，形成了 5 个不同的流派。

（1）侧重自然属性的可持续发展观。生态持续性最早由生物学家提出，侧重于说明自然资源开发程度的平衡。1991 年 11 月，国际生态学协会和国际生物学联合会共同举办研讨大会，大会将可持续发展概念定义为，保护和加强环境系统的生产和更新能力，即认为可持续发展是寻找一种平衡的生态系统，来维持生态完整性和人类生存环境的持续性。

（2）侧重社会属性的可持续发展观。1991 年，国际自然资源保护同盟、联合国环境规划署和世界野生生物基金会共同发表了《保护地球——可持续生存战略》，将可持续发展定义为在人类生存需求不超过生态系统承载能力的前提下，提高人类的生活质量。并提出了 9 条可持续发展原则来约束人类无尽的生产欲望和生产能力，将落脚点放在人类社会，主张保护地球生物多样性和环境承载能力，构建更加和谐的社会。既提高人们的生活质量又创造美好的生活环境。

（3）侧重经济属性的可持续发展观。这类定义认为，可持续发展的核心是经济发展。学者 Edward B. Barbier 在《经济、自然资源、不足和发展》中，将可持续发展定义为，在保证自然资源质量的基础上，将经济发展的效益达到最大化。还有一类经济学家将可持续发展定义为，今天的资源消耗不应减少未来的实际收入。通俗来讲，就是在不破坏自然环境的基础上实现经济的发展。

（4）侧重科技属性的可持续发展观。现代科学技术不仅是提高社会生产率的重要途径，也是人类社会实现可持续发展的重要基础，没有科学技术，可持续发展无从谈起。大量学者从技术选择的角度将可持续发展定义为，将人类生产技术从低效、粗放类型转向有效、清洁类型，追求“零排放”和“密闭式”的工艺方法，从技术层面尽可能地减少自然资源的消耗和自然环境的污染。还有一些学者认为，可持续发展就是建立一套极少产生废弃物的技术系统。他们认为，环境污染并不是人类进入工业化社会的必然结果，而是一种技术落后、工艺水准不高的表现。

（5）国际社会普遍接受的布氏可持续发展观。1987 年，布伦特兰夫人主持的世界环境与发展委员会，对可持续发展定义为“可持续发展是指既要满足当代人的需要，又不损害后代人满足需要的能力的发展”。1988 年春，在联合国开发计划署理事会全体委员会协商会议上，经过了发达国家和发展中国家激烈的争论后，最终确定，将布氏可持续发展定义作为在世界范围内普遍接受的可持续发展观。

2.1.2 可持续发展理论的基本思想

不同流派对可持续发展的定义不同，相应的基本思想也划分为了5个层面。

（1）可持续发展支持经济增长。经济发展是人类生存与进步的重要途径，也是文明发展和改善生态环境的重要物质保障。目前，发展中国家正受到经济贫困和环境恶化双重压力的威胁，贫困导致生态环境不断恶化，生态环境不断恶化又加剧了贫困，很多发展中国家在这个死循环中不断地挣扎、消耗，对于整个人类社会共同实现可持续发展起到了阻碍作用。解决这一问题的方法还要回到问题的源头，就是经济发展。作为发达国家，要积极帮助发展中国家发展经济，从资金和技术两个层面援助发展中国家，帮助其实现跨越式发展，进入可持续发展社会的行列。作为发展中国家，要研究本国经济发展中的误区和发展经验，不断学习发达国家先进的生产技术和工艺，加快转变经济发展方式，使自身传统的经济增长模式逐步过渡到可持续发展模式。

（2）可持续发展追求人与自然的和谐发展。社会发展的可持续性可以通过经济、技术、行政手段得以实现，目的是减少资源的消耗速度，使其低于资源的再生速度。“一流的环境政策就是一流的经济政策”已经被世界大多数政府机构所认可。因为如果处理不好经济增长与环境恶化之间的关系，环境退化的成本会抵消经济增长的效益。

（3）可持续发展以提高生活质量为目标。“增长”和“发展”的不同已经在学术界争论多年，最终的辩论结果是“发展”比“增长”的意义更加的深远。目前，许多发展中国家一味地追求经济增长却忽略经济增长的质量、单纯追求产值的增长与可持续发展观是相违背的，只有不断优化社会经济结构，提高经济发展质量，才能实现全社会的可持续发展；否则，经济增长会演变成“没有发展的增长”。

（4）可持续发展认可自然资源的价值。可持续发展观认为，自然环境的价值应当体现在对社会系统的支持上，应当把生产中环境资源的投入计入到生产成本的产品价格中，打造“绿色 GDP”。产品价格应当反映 3 部分成本：资源开采成本、开采过程中资源损耗成本、当代人使用某项资源给后代带来的用户成本。

（5）可持续发展有利于培育社会新的经济增长点。部分观点认为，限制资源消耗型企业的发展，会对国民经济发展产生限制作用。但是，从可持续发展的角度思考，限制那些生产质量低下、环境污染严重的产业发展，恰恰为那些绿色、节能、环保产业提供了发展空间，用这样的方法可以培育出很多崭新的、健康的增长点。

2.1.3 可持续发展理论的内涵

在全球众多的可持续发展概念中，可以梳理出 5 个方面的内涵。

（1）共同发展。如果把地球看作是一个复杂的巨大生态系统，那么每一个国家和社会就是一个巨大系统中的子系统。系统性归根结底追求的是整体性，全球每一个子系统出现问题，都会影响其他的系统，甚至会诱发地球整体系统的紊乱。所以，可持续发展追求和谐、共同发展。

（2）协调发展。协调发展包括经济、社会、环境三大系统的协调发展，也包括一地区人口、资源、环境和内部关系之间的协调发展。可持续发展观注重事物的协调发展。

（3）公平发展。世界经济在发展过程中因水平差异而形成的层次性，是全球经济发展不得不面对的一个问题。但这种发展水平的差异性若因为公平性失衡而导致加剧，就会由局部问题上升到整体问题，会影响世界可持续发展的水平。公平发展体现在两个维度上。第一个维度，时间维度：当代人的发展不能损害后代人发展的能力。第二个维度，空间维度：一个国家的发展不能以损害其他国家的发展为代价。

（4）高效发展。可持续发展理论中的效率不同于经济学中的效率，其包含经济意义上的效率，也包含自然环境损耗的成分。因此，高效发展是指经济、社会、自然环境相互协调，提高社会所有环节发展效率。

（5）多维发展。可持续发展包含了多样性、多模式、多维度的内涵。全球各个国家和地区拥有不同的文化、政治和生态背景，所以，在贯彻可持续发展观的同时，要从每个地区的实情出发，尊重地区间的差异性，实现多维度的可持续发展道路。

2.1.4 可持续发展的主要内容

可持续发展的具体内容主要涉及经济、社会、生态 3 个方面。

（1）经济发展可持续性。可持续发展观鼓励经济发展，但不是为了保护环境而放弃发展经济，因为经济发展是一个国家繁荣富强的标志。经济可持续发展不仅重视经济增长的数量，同样兼顾质量，鼓励二者协调发展。经济可持续发展主张限制高投入、高污染的生产方式，鼓励集约型的环保生产方式，注重经济发展质量。

（2）社会发展可持续性。社会可持续发展主要强调社会公平是实现环境保护与发展的重要基础。世界各国的国情不同、发展阶段不同，发展目标也不同。但是，提高人类生活水平，构建美好和谐社会是人类社会发展共同的方向。

（3）生态发展可持续性。生态可持续性发展强调社会发展要与生态环境承载力相协调。发展的同时，必须把生态成本考虑在内，以可持续的方式来使用自然资源，并将发展限制在地球承载力之内。生态可持续发展认为环境保护与社会发展之间并不存在矛盾。强调通过转变经济发展方式，从人类社会发展的源头来解决环境问题。

2.1.5 可持续发展理论的基本特征

可持续发展理论的特征可以简要地归纳为，以经济可持续发展为基础、生态可持续发展为条件、社会可持续发展为目的。

（1）经济可持续发展是基础。经济发展速度和质量在一定程度上代表了一个国家的基础实力和社会财富。可持续发展观主张在不过度损耗自然资源的情况下，不断提高人类生活和健康水平，而经济健康发展恰恰是提高生活水平的基本前提。所以，依靠科学技术进步，提高经济发展的质量和效益，才是科学的、可持续的经济发展观。

（2）生态可持续发展是条件。自然环境是社会发展的载体，是经济发展的条件。生态可持续发展就是要在保护环境和资源永续利用的前提下，提高生产效率，改进生产工艺，降低环境成本，进行经济建设，最终实现全人类社会的永续发展。

（3）社会可持续发展是目的。人类发展经济、保护生态环境的最终目的是建立一个健康、和谐、永续的可持续发展社会，营造一个没有贫穷和暴力的美好生活氛围。社会的进步也会促进经济更加健康的发展，自然环境也会得到相应的改善。经济、生态、社会三者构成了一个联系紧密的复合系统。

2.1.6 可持续发展理论的基本原则

与其他经济学理论一样，可持续发展理论在应用过程中，需要遵守一些必要的原则。

（1）公平性原则。可持续发展的公平性原则具有两个层面的含义：一方面指当代人类社会之间的横向公平性，另一方面指当代与后代人之间的纵向公平性。大多数情况下，国家与国家、地区与地区之间存在显著的社会差异性。然而，某个国家或地区社会的发展，不能建立在损耗别国或地区利益的基础之上，即横向公平性。当代人可以为了满足自身的物质需求，开采或者间接利用有限的自然资源，但是不能影响到后代满足自身需求的能力，即纵向公平性。

（2）持续性原则。持续性指生态系统遭到干扰时依然能够保持生产力的能力。自然资源的持续利用是人类社会可持续发展的前提条件。这要求人们调整自身的生产方式和消耗标准，合理开发自然资源，保持可再生资源的自我生产能力，尽量减少不可再生资源的消耗，或找到可以替代的可再生资源。

（3）共同性原则。人类社会发展存在整体性和相互依存性，需要世界各国在尊重他国利益的基础上，实现资源互补，共享环保技术，发展共同的责任感，将促进社会和自然协调发展作为整个人类共同的道义和责任。

2.1.7 可持续发展理论对传统经济学的修正

传统经济学注重宏观经济增长的速度，却忽略了经济增长所带来的环境成本的增加。所以，可持续发展理论在一定程度上对传统经济学进行了修正。

（1）对 GNP 的修正。国民生产总值作为重要的宏观经济指标，能够充分反映现代产业结构的变化和在社会经济中的作用。但是，其不能发展经济增长的效率、人民生活质量和经济增长所付出的代价。所以，可持续发展理论可以对此指标进行充分的修正。一些经济学家认为，在社会生产过程中，任何自然资源的损耗都应该被进行价值评估，并从 GNP 中扣除。

（2）自然资源账户。可持续发展理论主张建立一套非货币单位形式的自然资源账户，用来记录某一个特定区域内生产活动给自然资源带来的变化，目的是通过记录自然资源的损耗，来改善人们经营管理的方式。

（3）可持续收入。可持续收入的思想最早由希克斯在 1946 年提出。他将可持续收入定义为，不会减少总资本水平所必须保证的收入水平。

（4）产品价格评估。皮尔斯等学者认为，产品价格应当反映三部分的成本：自然资源开采成本、开采过程中环境损耗的成本和损害后代人利益的用户成本。

（5）环境资源价值。选择价值指当代人为了保证后代人使用资源的权利所愿意承担的支付意愿。非使用价值指人类发展有可能使用的资源价值，包括美丽的景色和濒临灭绝的动植物。

2.1.8 可持续发展的能力建设

可持续发展的目标是使社会生产与环境资源协调发展，而支持可持续发展目标的达成，需要管理、法制、科技、教育等方面的能力建设。可持续发展的能力建设是可持续发展目标得以实现的重要保证和前提条件。一个国家或一个区域的可持续发展能力在很大程度上依赖于政府和市民建设能力的高低。

（1）可持续发展的管理体系。可持续发展目标的达成，需要一个科学高效的管理体系。历史经验表明，社会与环境的不协调发展，很大程度上由社会管理体系混乱不科学造成。因此，提高管理体制的科学性和合理性是社会实现可持续发展的重要内容课题之一。高效的管理体系需要由高素质的管理和决策人员组成，在合理运用行政、经济、法律等手段的基础上，建立社会可持续发展综合决策机制。从而最终实现可持续发展的终极目标。

（2）可持续发展的法制体系。相关可持续法律的制定，可以使可持续发展的战略具体化、法制化。用统一的法律来限制破坏环境的行为，是可持续发展战略得以实施的重要保障。因此，建立可持续发展的法制体系，是可持续发展能力建设的重要内容。在具体实施过程中，可持续发展法制体系可以帮助社会合理配置自然资源，限制破坏环境行为，有力保障社会与自然的协调发展。

（3）可持续发展的科技体系。科技进步是实现可持续发展的重要基础之一，没有强大的科学技术背景作为支持，可持续发展就失去前进的动力。科技进步影响可持续发展主要体现在为政府机构提供可持续发展的决策依据，还可以促进人类生产工具的进步。生产技术的革新和生产效率的提高，不仅能够在单位时间内创造更多的价值，还可以降低资源的浪费和环境污染程度。通过技术进步，可以使人类的生产经营更加趋于理性，在创造价值的同时，最大限度地降低环境压力。

（4）可持续发展的教育体系。可持续发展作为一种先进的理念，需要拥有高度知识水平的公民去实践。建立可持续发展教育体系，有利于提高人们的认知水平，使人们能够认识到人类活动对于自然环境系统的短期和长期影响。只有人们意识到要为自己的子孙后代负责的时候，才会真正从内心深处放弃眼前的局部利益。另外，可持续发展的教育体系，不应该仅仅以提高人们的认知水平为目标。道德教育也是其中重要的一个方面。道德水平的提高可以增强人们对于社会发展的使命感，还可以从内心深处规范自己的物质行为。最后，可持续发展的教育体系不仅仅局限于学校教育这一个层面，相关政府机构还要利用自身的宣传优势，扩大可持续发展观在社会中的影响范围。

（5）可持续发展的公众参与。公民是社会的基本构成成分。公民的参与是可持续发展必要前提，也是可持续发展能力建设的主要内容。公民对于实现可持续发展目标的重要意义在于，任何发展目标都需要依靠社会公众和团体的支持，公众群体的参与程度决定了可持续发展战略实施进程的快慢。另外，公众参与可持续发展建设应当是全面的，不仅要参与有关社会与环境协调发展的决策，还要参与那些与其生活和工作息息相关的决策，并充分起到监督作用。

2.2 环境承载力理论

环境承载力又称环境承受力或者环境忍受力，是指在某一个特定时期或者特定区域内，自然环境对人类生产经营活动的支持限度。自然环境是一个庞大的生态系统，它既为人类提供赖以生存和发展的空间，又为人类社会提供发展的基础资源和废弃物载体。从人类社会角度出发，自然环境可以为人类的生存与发展提供物质支持。由于环境在组成方面有一定的数量比例和空间分布规律，所以，其对人类生产经营活动的支持是有限度的。当今国内外的一些环境问题，多为人类利益与自然环境载体支撑限度发生矛盾而产生，说明当今人类生产经营活动已经超过了自然环境所能承载的极限。若不能及时解决环境承载力问题，人类社会将无法进入可持续发展时代。

2.2.1 环境承载力的内涵

环境科学的研究主体对象是“人与环境”，其最终任务是解决这一矛盾体的途径和方式。人与环境的具体矛盾表现在当今国内外社会的各种环境问题上，不同类型的环境问题，究其原因各不相同。但归结起来，还是因为人类的经济活动与环境条件的不匹配导致。更简单地讲，就是人类社会活动超过了环境所能忍受的极限。由此可见，研究环境承载力的重点应倾向于人类社会活动给自然环境所带来的压力。

由于自然环境对人类活动的支撑能力是有限的。所以，许多学者抽象地引出了环境支撑能力“限值”的概念。在研究“限值”问题时，通常将一个区域作为研究对象。因为区域是一个开放性很强的庞大系统，包括了能量与物质信息的内外部循环，这使得其在结构上具有很强的稳定性，但又不会失去外部流动性。因此，区域环境在对人类社会生产经营活动产生支撑作用的时候具有“双重性”。第一，相对稳定性。在某个特定时期内，在环境系统内部结构不发生明显改变时，环境系统对人类活动的支撑能力的极限值会稳定在一定的数值附近。第二，绝对变动性。在短时间内，环境系统对人类活动的影响存在一定程度的波动。

综上所述，为了准确判断环境系统支撑能力的“限值”，必须确定“空间”范围。由此认为，环境承载力是指在某一特定时期内，在某一特定的环境里，自然环境系统对于人类生产经营活动支撑能力的阈值。这里所提到的特定环境，是指显示的或者虚拟的环境结构。

2.2.2 环境承载力的本质及特点

环境承载力的本质可以概括为两点，分别为环境系统组成的外在表现和环境与人类生产活动之间的联系。

2.2.2.1 环境承载力是环境系统组成结构的外在表现

环境系统之所以对人类社会活动产生支撑作用，是因为其由自然物质组成。自然环境系统拥有丰富的物质资源，如矿产、生物、水、大气资源等。这些物质资源是人类赖以生存和发展的重要基础，通过生产工具和生产关系的出现和发展，人们通过对自然物质的加工，取得供人们使用和交换的商品，从而构成了社会中的市场行为。由此可见，环境系统的组成结构可以为人类社会提供支撑作用，也是环境承载力的外在表现。

另外，环境系统对人类生产活动具有支撑作用，与环境系统结构的组成特征有直接关系。按照系统论的思想解释，系统的功能是由系统的内部结构所决定的。因此，环境承载力由环境系统内部结构决定。由于环境系统中的物质数量均有上限，并且存在一定的比例关系。所以，当某种物质消耗量过大时，就会对环境系统的内部环境产生不可逆的伤害，会使整个系统处于失常状态。因此，自然物质的输入和输出是有限度的，自然环境系统内部结构的输入和输出也是有限度的。这也是为什么环境系统对人类生产经营活动的支撑能力会有阈值的根本原因。

2.2.2.2 环境承载力体现了环境与人类生产活动的直接关系

（1）环境承载力是可变的。随着人类对环境改造技术的提升，可以认为是提高环境承载力，这也说明环境与人类生产活动具有直接的关系。从另一个方面看，提高环境承载力的过程，也是人类合理利用自然物质资源的过程。从粗放型的生产经营方式改进到集约型的可持续发展模式，是提高环境承载力的重要途径。

（2）环境承载力是客观的量，是环境系统的客观属性。但用不同的社会生产活动来衡量一区域的环境承载力，会得到不同的结果。例如，在适合第一产业生产的区域，用工业活动来衡量其环境承载力，显然会得到环境承载力较小的结果。从这个角度看，环境承载力不光是客观的“量”，还是可以变化的“质”，而“质”的变化，就与人类生产活动产生了直接的联系。

（3）在特定的环境内，环境承载力的极限值是固定的。因此，可以用环境承载力来衡量人类生产经营活动是否符合自然环境系统的客观规律和支撑能力极限值，方法就是用人类活动强度和环境承载力的比值来确定。若比值小于或等于1，则人类活动与自然环境系统就是和谐发展的；若大于1，则说明人类对于自然界的开发和索取过于频繁，应适当减少破坏程度。

2.2.2.3　环境承载力的特点

环境承载力理论适用于解决某一区域的“人与自然”的矛盾，而区域是一个开放的大系统，会有大量的物质和能量在这个系统中自由流动，从而保持自然环境系统的完整性和稳定性。随着人类生产活动强度的增强和范围的扩大，这种流动更加强烈，这对环境承载力会产生很大的影响。

环境承载力的第一个特点是客观性。由于区域环境系统会通过内外部物质和信息的交换来保持其内部结构的稳定，所以，从某种角度上来看，环境承载力在自然环境系统不发生改变的前提下，其质和量是可以控制的。

环境承载力的第二个特点是变化性。环境承载力的变化主要由环境系统内部结构的改变产生，与人类社会经济活动给自然环境施加的压力也有关系。当人类活动破坏了区域系统各物质和信息的正常流动和交换，就会使自然环境系统内部在短时间内产生结构性破坏，从而影响环境承载力的支撑能力。

环境承载力的第三个特点是可控性。环境承载力具有变化性，而这种变化性是可以通过人为来控制的。人类文明在发展进步的同时，也掌握了社会与自然界的辩证关系。人类根据生活和生产的真实需要，对自然环境进行客观的人为改造，从而使环境承载力的变化规律掌握在人类自己手中。但是，人类对环境的索取必须有一定的限度。

2.2.3 环境承载力指标选取的原则

环境承载力和人类社会经济之间存在物质、信息、能量层面的直接联系。所以，可以用指标的方式来表述环境承载力。建立环境承载力指标体系是做定性和定量分析的需要。在构建指标体系的时候，需要遵循科学性、完备性和可量性 3 条原则。

2.2.3.1 科学性原则

首先要用科学的发展观来看待环境承载力问题。环境并不是人类生产排泄物的承担者，而是人类赖以生存和发展的客观载体，其为人类提供了必需的物质基础。环境承载力指标选取要在科学的发展观下进行。

2.2.3.2 完备性原则

为了能够全面地发挥环境承载力对于人类社会生产经营活动的支撑作用，在指标选取时要尽量做到完备，在一定程度上避免遗漏某些能够反映环境承载力的重要指标。只有这样，才能真正客观地反映某一区域内环境承载力的客观发展情况。

2.2.3.3 可量性原则

构建指标体系，风格不能过于飘忽，要建立在可量性原则上。要明确，研究环境承载力问题是为了更好地衡量人类生产经营活动与自然环境系统是否匹配，从而指导人类社会合理配置资源，更好地完成生产活动。在选取环境承载力指标的时候，要尽量保证所有指标的可度量性，这样才能更好地反映环境承载力。

2.2.4 环境承载力理论的科学意义

2.2.4.1 有利于环境科学向整体化发展

环境科学自诞生至今，历史很短暂，是一门新兴学科。尽管近年来环境科学在时代大背景下发展迅速，但其依然无法摆脱传统自然科学的束缚。在研究理论、方法层面，依然对传统科学存在一定的依赖。尤其受生态学和地理学的影响尤为明显。但环境承载力理论的出现，丰富了环境科学的理论深度，反映了环境的整体性概念，成为环境科学中重要的整体化代表。对环境科学向着整体性发展起到了积极的促进作用。

2.2.4.2 为区域规划提供了新的理论基础

我国区域规划研究已经开展近 20 年，无论从理论还是实践部分，都取得了很多优秀的研究成果。但我国的区域规划研究一直存在着些许不足，其中最为明显的就是有一部分区域规划脱离了目标区域的实际情况。其原因主要是一些区域规划的研究角度过于片面，没有从区域整体的发展情况入手。多数规划把研究重点放在了环境污染上，但忽略了社会资源因素。因此，制订出的区域规划缺少了一些客观性。而利用环境承载力理论来研究区域规划问题，原理是将整体区域环境作为研究对象，包括环境因素、自然因素等。这样不仅全面地把握了目标区域的整体情况，也有利于促进社会、经济、环境协调发展，符合可持续发展观。

2.3 生态经济理论

2.3.1 研究内容

生态经济的研究内容不仅仅表现在促进经济发展和保护生态

环境上，还研究环境污染、环境恶化、资源损耗的成因及解决方法。将环境保护与经济发展结合起来，既研究在生态环境保护中的经济问题，也研究经济发展中的环境污染问题。但研究内容还是以人类经济发展为中心和重点，探讨人类经济系统和自然环境系统在相互影响和作用的前提下，如何解决在矛盾运动中产生的种种问题，揭示经济发展与环境保护之间的内在联系和规律。从而保证在科学的理论指导下，找到人类社会发展与自然环境之间的平衡点。通过生态经济理论的研究，最终为解决人类与自然之间的矛盾，提供可行的、科学的方法论。同时，也间接地用新的经济发展理念指导社会生产。

2.3.2 研究特点

2.3.2.1 综合性

生态经济学研究并不是孤立进行的，也不是片面地依靠自然科学进行，而是以自然科学和社会科学相结合的方式来研究经济现象和问题。从整体性角度出发，在研究自然科学和社会科学相互之间影响关系的基础上，把握社会与自然生态的平衡点，通过生态经济学理论的指导，更好地帮助人类文明向着更加先进和高效的方向前进。

2.3.2.2 层次性

任何理论的研究都应该具有层次性，而在生态经济学的研究中，层次性的作用尤为突出。从纵向层面来看，生态经济学研究的范围涉及农田、水文、森林、草原、城市等生态经济的研究。从横向层面来看，还可以将纵向研究中的主体区域继续细分。例如，水文生态经济的研究还可以包括渔业生态经济和航运生态经济的研究。这不仅深化了生态经济学在相关领域中的具体应用，也从另外一个角度丰富了生态经济研究内容，有利于社会、生态整体的和谐发展。

2.3.2.3 地域性

任何经济学问题的研究都不能脱离实际，而地域性是理论研究的重要特点。生态经济学理论的研究需要以某个区域或者国家作为研究的背景及依据。只有将区域发展的实际情况结合到理论研究中，才能使其拥有解决现实经济问题的意义。例如，当研究北京市畜牧业经济发展问题时，首先需要了解北京市自然地理条件的特征。并且，需要了解北京市畜牧业发展的基本情况和相关发展背景。只有将地域因素作为理论研究的现实基础，才能使理论研究更好地指导现实生产。

2.3.2.4 战略性

随着人类社会文明的进步、社会生产力的逐步提高，人们的物质生活水平不断提高，但社会与生态环境的矛盾也在不断加深。无节制的生产，在满足人类物质需求的同时，无形之中破坏了自然资源的自我再生能力。从长远角度来看，并不利于人类社会可持续发展，追求局部和短期的经济效益并不利于人类永久保持先进强大的社会生产力。当某一天自然资源完全消失时，再强大、高效的生产能力也将失去作用。所以，生态经济学研究的目标是优化人类社会的经济发展结构，在不破坏生态环境的基础上，获得效益最大化。从宏观角度来看，具有很强的战略意义。

2.3.3 研究重点

2.3.3.1 生态平衡

生态平衡是指在一定时期内，生态系统中物种与环境通过能量流动和物质信息传递，使二者之间达到高度一致的协调状态，这种状态就叫做生态平衡。也就是说，在生态平衡状态下，生态系统内部的各成分之间达到一定的比例关系。并且，物质信息的输入与输出接近于相等状态，结构与功能趋于平衡。当生态系统受到外来干扰时，可以通过自我修复来调节。在系统内部，各成分之间的相互作用关系达到最佳平衡状态。

2.3.3.2 生态效益

生态效益是指自然系统中各要素在满足人类生产经营活动时所发挥的作用。其遵循生态平衡规律，对人类的生产和生活产生积极影响和有益效果，并且关系到人类社会的长远利益。生态效益增长的基础条件是生态系统内外部的良性循环和合理交换。在农业经济问题研究中，生态效益的作用是使农业生产系统内部要素在数量和结构上达到平衡状态。最终达到合理配置农业自然资源的效果，使农业和农村可持续发展。

2.3.3.3 经济效益

经济效益是人类在进行生产活动时所创造的劳动结果。而在社会生产与自然环境这一对关系中，社会生产中的主体——劳动者占据着主导地位。自然环境往往处于被动地位，为社会生产提供阳光、水、土壤、动植物、矿产资源等。若在一定时期内主客体相关转化的过程中，消耗的劳动力维持在一定水平时，生态环境所提供物质资料的数量与质量的好坏，就决定了在生态效益的基础上，产生了可观的经济效益。反之，在上述条件下，若生态环境提供的物质资料质量降低，不仅影响劳动力的质量和劳动结果，还会直接影响产品的质量，这不利于经济效益的提高。通过上述分析，可以得出的结论是，经济效益受到生态效益的制约，人类生产经营活动不能脱离一定数量和质量的生态环境要素的支持。生态效益是经济效益的基础和前提。经济效益依赖于生态效益又反作用于生态效益。

生态效益之所以可以产生经济效益，实际上由自然资源系统中的各要素决定。人类如何将生态效益转化为经济效益，如何利用生态环境中的诸多因素，取决于生产力水平和社会经济发展条件。随着人类文明和科技的进步，人们通过两种方式来获取经济效益：第一种是直接利用自然资源系统中各要素的功能；第二种是通过商品交换，将生态环境中要素的使用价值转化为价值。这样就可以通过最直接的方式获得经济效益。

在生产者利用自然资源的环节中，可以做到经济与环境的协调和统一。只要在生产经营活动中突出 3 个特征，就可以获得很好的经济效益。

第一，社会性。所谓的社会性，主要是发挥宏观调控的作用。要将保护环境的责任分解到每一位公民的身上，真正做到全民环保。在社会经济发展中，要求每一位公民都要树立良好的环保意识，用自身的行动来促进生态平衡，使社会再生产在一个良好的宏观环境中进行。另外，从国家宏观调控的角度出发，要加强对公民的监督，对一些为了一己私利而破坏环境的公民，要使用法律手段进行惩罚。通过制度建设，规范社会生产和管理，严禁社会出现大肆破坏生态环境的行为和活动。

第二，历史性。所谓历史性，简单来说，就是站在前人的“肩膀”上，继续开拓创新。在前人优秀的研究成果中总结事物发展的规律和解决问题的方法，在此基础上，取其精华，去其糟粕，创造出全新的研究方法。充分利用最新的科技成果来解决现代经济问题，用于大胆尝试新的方法，不断推动人类社会向着永续发展的道路前进。

第三，科学性。要将自然规律和经济规律有机地结合起来，在科学发展观的指导下，向着可持续发展的方向迈进。人类的社会生产活动，是以生态环境作为代价取得经济效益。所以，人类的生产经营活动，应当遵循自然规律，这样才能达到发展的目的。自然规律和经济规律共同决定着物质生产的数量和质量，若只追求经济效益，则缺乏长远考虑。若只重视自然规律，则社会生产会陷入停滞。最好的方式是将二者结合起来，在尊重自然规律的前提下，追求经济效益的最大化。这样既不会对环境造成不可修复的破坏，还可以全面、持久地创造经济效益。

2.4 系统理论

系统思想源远流长，但作为一门科学的系统论，是 20 世纪 30 年代由美籍奥地利人、理论生物学家、哲学家 L. V. 贝塔朗菲（L. Von. Bertalanffy）创立的。20 世纪 60 年代以后，系统论的理论和方法得到了广泛的应用，为处理和解决现代社会中的政治、经济、城市规划、环境景观设计等方面的各种复杂问题提供了新的思路，对社会各个领域的发展起到了巨大的推动作用。系统论认为，整体性、关联性、等级结构性、动态平衡性、时序性等是所有系统的共同的基本特征。这些既是系统论的基本思想，也是其基本原则。它不仅揭示了事物内部的客观发展规律，还是一门具有科学方法论的完整科学体系。在系统论研究中，经常用到数学方法和模型，说明其是一门逻辑性和数学性相当强的新兴科学。随着现代科学的发展，科学研究领域的复杂性越来越强，没有一个学科可以像数年前一样独立存在。当今是复杂性科学时代，在这个时代的大背景下，系统论正日益发挥着重要的作用。当不同的学科需要相互作用、相互融合，或者是需要相互找到平衡点的时候，系统论的作用就显得尤为重要。当一事物内部存在层次递进关系，且各要素之间的联系非常紧密时，运用系统论可以对事物各要素的关系进行清晰的判断，通过运用系统论，可以使系统成为一个更加庞大和高级的单元。

2.4.1 系统论的形成与发展

系统论作为一门科学，在 1932 年由美籍奥地利人、理论生物学家 L. V. 贝塔朗菲（L. Von. Bertalanffy）创立。经历了长时间的争议，直到 1968 年贝塔朗菲发表了专著《一般系统理论：基础、发展和应用》，才确立了这门科学的学术地位。

2.4.2 系统论的思想和方法

系统论的核心思想是整体观念。任何系统都是一个整体，不是每个部分简单相加的结果。系统论赞成“整体大于部分之和”的说法，反对用局部要素就可以说明整体特征的机械论。同时，系统论还认为，系统中的每一个要素并不是孤立存在的，整体发挥作用要靠所有要素相互作用才可以实现。并且每一个要素都有其自身独特的作用，一个优秀的整体不能离开优秀的要素，优秀的要素也不能脱离整体而单独存在。

系统论的研究方法是，把研究对象看作是一个系统，分析其系统的结构和功能，把握好系统、要素、环境三者的关系和规律，用整体的眼光来看待事物和问题。

2.4.3 系统论的任务

系统论的任务是在把握系统特点和规律的基础上，利用其优化整个系统，从而达到人们需要的目的。

系统论的出现改变了人们传统的思维方式。在系统论出现之前，人们思考问题的模式是把完整的问题分解成若干个部分，用部分的性质去说明整体的性质。但这种传统的思维模式不能正确反映事物的整体性，不能说明系统内部各要素之间的联系和作用。现代科学发展到今天，单纯地从局部出发已经不能解决各种信息量庞大、学科相互交叉的复杂问题了。系统论的出现为解决现代科学的复杂问题开辟出了一条新的道路，站在了时代的最前沿，可谓任重而道远。

系统论的方法之所以能够被广泛接受，是因为系统论迎合了现代科学发展的趋势，反映了现代社会问题的复杂性。

2.4.4 系统论的特点和未来趋势

（1）在新时期的学术融合大背景下，系统论与控制论、信息论、系统工程等新兴学科相互渗透、紧密集合。

（2）系统论、控制论、信息论向着“归一”的方向发展，系统论在这三者中起到的是基础性作用。

（3）系统科学缺乏一门基础科学理论来丰富系统论的内容。

（4）系统科学的方法论问题日益引起各国学者的关注。

2.5 循环经济理论

循环经济理论的前身为“宇宙飞船理论”，由美国经济学家K. 波尔丁提出，主要目标是将传统的资源消耗型线性经济增长方式，转换为依靠生态资源循环来发展的经济。

2.5.1 循环经济理论的起源与发展

循环经济理论起源于20世纪60年代，主要大背景为环境保护思潮的兴起。在这一时期，可持续发展理论也开始逐步登上现代科学的历史舞台。

循环经济的发展大概经历了3个历史阶段。

（1）萌芽阶段。1962年，美国的卡逊女士发表了可持续发展理论的开山之作《寂静的春天》，引发了人们对于环境保护的思考与争论。此后不久，美国经济学家波尔丁受到了宇宙飞船循环利用有限资源的启发，第一次提出了“循环经济”概念，意在提醒人们对污染物循环处理的必要性。

（2）循环经济理论被我国引入。我国作为世界最大的发展中国家和发展速度最快的经济体，在一定程度上影响了世界经济未来的走向。20世纪90年代，循环经济理论被国内学者接受并且进行实践研究，标志着其进入了一个全新的发展阶段。

（3）循环经济理论在我国的本土化发展。2003年，我国将循环经济纳入科学发展观。2004年，一些学者提出，循环经济理论应当被应用到不同规模的区域当中去，灵活地解决不同程度的经济发展问题。

2.5.2 循环经济理论的本质

循环经济的本质是生态经济理论。生态经济学是一种以生态学原理为基础、经济学原理为主导的理论。它要求把人类社会发展与生态环境发展看作是一个有机的整体，强调经济系统和生态系统中的各个要素有效地联结起来，使经济发展达到最优状态。

循环经济与生态经济存在明显的区别。循环经济主要强调物质资源的循环利用，注重生产、消费过程中的资源节约；而生态经济强调的是经济与生态的和谐发展，注重协调二者的关系，促进经济发展方式向着更加健康的方向转变。物质循环的基础是社会经济系统的有序运转，所以，生态经济理论是循环经济理论的基础，又时刻体现着循环经济理论。

循环经济的产生和发展，是人类在改造物质世界过程中进行总结和反思的结果，也是人类在应对各阶段危机时质疑自身发展模式的产物。发展循环经济，是人类面对人口激增、资源短缺、生态环境恶化等现实生存问题时，所做出的必然选择。

循环经济在理念上要改变传统经济重视增长、忽略质量，重视速度、轻视效率的发展方式。主张发展新型的依赖生态资源循环利用的经济模式，将经济政策与环境政策有机结合，实行经济增长、资源保护一体化发展战略。

2.5.3 循环经济理论研究的意义

（1）广义的循环经济理论研究生态文明与和谐社会之间的关系，对于社会文明进行合理转型具有重要的理论意义。一方面，西方文明从宗教的控制中脱离出来进入了现代化社会的过程中，将改造自然、为我所用作为自身发展的理念，忽视对大自然的敬畏之心。另一方面，工具理性主义的发展，使“人类中心主义”成为了世界范围内普遍接受的价值观，将自然资源作为服务自己的工具，错误地认为人类与自然的关系是“主奴关系”，违背了人类与自然共生的生态法则。以至于到了工业文明时代的后期，许多不可再生资源被开采殆尽，产生生态环境退化、物种灭绝等问题，严重影响了人类未来发展。

（2）广义的循环经济理论对传统经济学的权威进行了挑战，对经济学发展进入新的阶段具有重要的理论意义。一方面，循环经济质疑了传统经济学中理性经济人的假设，认为理性经济人片面地追求利益最大化，并不是“社会关系的综合”，其理论是非整体主义和历史主义的。另一方面，循环经济挑战了传统经济学中效用最大化理论的权威地位。效用最大化是指用最小的代价取得最大的收益，按照传统经济学的观念，生态经济是没有效率的。而循环经济学认为传统经济学和生态经济学同样具有经济效率，而且生态经济的效率要高于传统经济。

2.5.4 发展循环经济的途径

2.5.4.1 在资源开发环节提高开发利用效率

资源开发环节是人类向自然索取资源的基础环节，也是最有可能破坏生态平衡的一个环节。所以，要求人们在开发时要统筹规划，健全开发管理机制，科学开发，优化开发模式，实现资源的保护性开发。

2.5.4.2 在资源消耗环节提升利用效率

在此环节，要加强资源消耗的处理效率，提高循环利用率，提高资源的产出效益。尤其作为资源加工企业，要保持技术创新，加大对环保技术的资金投入，努力提升废弃资源回收的工艺和技术，把“高产出，零排放”作为企业生产的最高目标。

2.5.4.3 在社会消费环节大力鼓励绿色消费

政府应出台相关政策，鼓励公民购买绿色产品，树立正确良好的可持续消费观，养成保护环境的消费观和生活方式。各办公机构也要从自身做起，更新可再生资源办公系统，努力减少资源浪费和环境污染。

2.6 都市型现代农业理论

都市型现代农业理论涵盖了都市农业的概念、内涵、特点、功能、类型等理论知识，对大都市实现农业现代化和全面建成小康社会具有重要的现实意义。

2.6.1 都市农业的概念

都市农业一词最早由美国的一些经济学家在 20 世纪 50 年代提出，是指位于都市周边，可以为市民提供优质事物和休闲观光的集约化、多功能农业。

2.6.2 都市农业的起源

都市农业最早起源于日本，由于其涉及的问题错综复杂，又是一个新兴的研究领域，所以，学术界对于都市农业的起源一直存在颇多争议。总体来讲，都市农业的起源可以归纳为四类观点。

（1）青鹿四郎学说。日本地理经济学家青鹿四郎在其著作《农业经济地理》中提到，都市农业是指依附于都市经济分布在都市内圈和外围的特殊形态的农业，主要经营方式为复合经营。

（2）桥本卓尔学说。日本经济学家桥本卓尔认为，都市农业是指农村在城市化过程中受席卷而形成的一种农业形态，其分布在城市最前线，享受城市最完备的基础设施，有着与居民区、商业区共存的特征，生存能力十分脆弱，需要得到有计划的保护。

（3）休马哈学说。人类是自然界最脆弱的群体之一，都市农业有效地将人类社会与自然界连接起来，不仅可以改善生存环境，还可以满足城市居民的日常需要。

(4) 我国农业经济界的看法。都市农业的概念传入我国较晚，尚无统一的定义。但是，大多数学者认同的是都市农业是一个广义的地域经济的概念，是动态发展而非静态发展的地域经济，包括远郊、近郊等全部适应都市社会发展的农业。

2.6.3 都市农业的特点

(1) 其范围是城市周边间隙地带的农业，不同于传统意义上的郊区农业。

(2) 都市农业的发展和结构调整，必须坚持服务城市的原则。

(3) 都市农业不仅要进行经济功能开发，还要把目标定为开发多功能性质的大型农业。

(4) 由于受到都市自然资源的限制，都市农业的经营方式应当选择高度集约化的产销一体式经营，充分利用有限的自然资源，使生产效率达到最大化。

2.6.4 都市农业的功能

(1) 生产功能。通过发展都市农业，为居民提供安全、卫生、优质的农产品，满足城市居民对于农产品的消费需求。

(2) 生态功能。发展都市农业，不仅追求经济效益，满足城市居民日益增长的物质需求，还要通过发展都市农业，调整都市整体的生态环境，改善人们的居住环境。

(3) 生活功能。农民和城市居民是人口的重要组成部分，通过发展都市农业，可以为城市居民和农民架起一座沟通的桥梁，加深城市居民与农民之间的社会交往，有利于社会和谐可持续发展。

(4) 示范与教育功能。发展都市农业，可以使城市居民获得更多的农业知识，让城市居民的生活更加贴近大自然。

2.6.5 都市农业的基本特征

（1）空间布局。都市农业要在城市周边和城市内部的间隙处进行布局，最终形成一套完备的绿色生态系统。在具体布局实施过程中，要对社会、经济、文化多方面进行反复论证，并提高定量、定位的科学性，使都市农业与城市协调发展。

（2）城乡融合。都市农业要服务于城市居民的需求，城市居民的日常生活又依赖于都市农业，二者相互影响、相互作用，最终目标是形成和谐的城乡一体化体系。

（3）多功能性。随着社会的不断发展，城市对于都市农业的需求已经不仅仅停留在提供安全、健康的农产品层面上，而是需要都市农业提供更加丰富的多元化功能，如科普教育、科学实验、休闲娱乐等。都市农业只有实现全功能性的协调发展，才能全方位地服务城市居民，真正提高城市居民的生活质量。这里的生活质量不仅包括物质需求，也包括精神需求。

（4）高智能化。都市农业不同于其他类型的传统农业，其发展依托于城市完备的基础设施和各类大专院校在技术上的支持。所以，都市农业要抓住这一优势，努力提高自身经营的科技水平，发展高品质、高附加值的精准农业，用人才优势来弥补自然资源的先天性缺陷。

（5）行政关系。都市农业直属于城市，其发展规划应纳入城市社会经济的总体规划，是城市经济实现可持续发展的重要保证。

2.6.6 都市农业的类型

2.6.6.1 按农业功能划分

（1）农业公园。这种类型的特点是把公园与农业生产场所、消费场所和休闲场所结合起来建设，利用农业生产基地来吸引市民游览，主要是供观赏和旅游，面积比较大。一般选择依山傍水、有林草的地方，以地形和农产品种类而成自己的风格特色。农业公园分专业性农业公园和综合性农业公园。

（2）观光农园。这种类型的特点是开放农业园地，让市民观赏、采摘或购置。有的主要是供观赏农村景观或生产过程，有的可以购买新鲜产品（如花卉），有的还可以参加采摘果实。有的农户开放自家的花卉种植温室，有的观光农园集中区建立了展览室，让游人在观赏之余还能增长知识。

（3）市民农园。这种类型特点是让市民承租农地，直接参与农业栽植，亲身体验农业劳动过程。市民农园一般设在离市区较近、交通、停车都便利的地方。农园经营者把整个园地划分若干块，分别租给不同的市民，供他们进行耕作体验，有的可以解决一些吃菜或就业问题。

（4）休闲农场。这是一种综合性休闲农业区，以吸引旅客住宿为特点。农场以生产果、菜、茶等农作物为主，经过规划设计，充分利用农场原有的多种自然景观资源，如溪流、山坡、水塘，以及植物、动物、昆虫，引进一些游乐项目，开发为休闲农场（或度假农庄），把市民的观赏景观、采摘果实、体验耕作、住宿餐饮和娱乐等多种活动结合在一起，适应他们度假游乐的需要。如日本的“民宿农场”、澳大利亚的“度假休闲农场”。

（5）教育农园。这是兼顾农业生产与科普教育功能的农业经营形态，即利用农园中所栽植的作物、饲养的动物以及配备的设施，如特色植物、热带植物、农耕设施栽培、传统农具展示等，进行农业科技示范、生态农业示范，传授游客农业知识。代表性的有法国的教育农场、日本的学童农园，以及我国台湾的自然生态教室、北京市的少儿农庄。

（6）高科技农业园区。这是采用新技术生产手段和管理方式，形成集生产加工、营销、科研、推广、功能等于一体，高投入、高产出、高效益的农业种植区或养殖区。这些园区有的可以对外开放，接受游人的观赏，有的属于封闭型，不接待游客。

（7）森林公园。这是一个以林木为主，具有多变的地形，开阔的林地，优美的山谷、奇石、溪流等多景观的大农业复合生态群体。以森林风光与其他自然景观为主体，在适当位置建设狩猎场、游泳池、垂钓区、露营地、野炊区等，是人们回归自然、休闲、度假、旅游、野营、避暑、科学考察和进行森林浴的理想场所。

（8）民俗观光园。选择具有地方或民族特色的村庄，稍加整修提供可过夜的农舍或乡村旅店之类的游憩场所，让游客充分享受农村浓郁的乡土风情和浓重的泥土气息，以及别具一格的民间文化和地方习俗。

（9）民宿农庄。主要是为已退休或将退休的城里人租住农村房屋，迁居农家。这些人中有教授、导演、设计师、工程师等，他们在城里均有较好的楼房，但非常向往农村的风光，游览田园景观，希望在林间散步，呼吸着农村新鲜空气，过着宁静淡泊、无噪声、无污染的世外桃源式生活。

2.6.6.2 按区域划分

（1）中心区农业。本类型位于城市中心地区，人口和建筑密度高，土地利用的混合程度和集约程度最高，通常以公务和商业零售活动为主。这里的农业主要分布于屋缘（屋顶、阳台、宅院）、闲置地、院区和园区，具有较高价值和需要较多投资的农业。其中，很多采用小型温室农业系统的形式。这类农业最容易受到城市改造的吞噬。

（2）走廊区农业。本类型是位于高速公路或铁路两侧的交通地带的农业，属于高集约发展地区。这类农业处在交通设施发达、与市场联系便捷、居民密度较高的有利环境；走廊地区的农业结构，可以经营观赏性园艺作物、温室蔬菜和花卉、放牧、家禽、微型动物，以农家产品集贸市场和批发市场为主。这类农业容易被城市和交通设施的建设所取代。

（3）隔离区农业。本类型地处交通走廊之间，呈楔式地分布，是都市农业土地、就业、产出集中地区之一。在城市化迅速发展的时期，这里往往是城市住宅、工业、绿化等建设发展的主要区域，土地利用类型有可能从农业用地大量转为建设用地，所以要注意保护农业。

（4）外缘区农业。本类型是相对稳定的农业区，也是都市农业土地、就业、产出集中地区之一。外缘农业区的大小，在很大程度上取决于交通运输效率和自然条件特征。外缘区农业的特点是以大量中小型农场的形式，按照都市区市场的需要，要以生产鲜活农产品为主；这一带的农业家庭比一般农区有更多的非农业就业机会和收入。

2.6.7 发展都市农业的意义

都市农业是把城区与郊区、农业和旅游，第一产业、第二产业和第三产业结合在一起的新型交叉产业，它主要是利用农业资源，农业景观吸引游客前来观光、品尝、体验、娱乐、购物等一种文化性强、大自然情趣很浓的新的农业生产方式。对于都市健康发展具有很强的现实意义。

都市农业可以充分利用农业资源，促进农业结构优化调整，提高农业生产效益。可以为农副产品带来销售渠道，提高当地农业产品的知名度。可以带动相关产业的发展，促进剩余劳动力转移，扩大劳动就业。可以疏散城市拥挤人口，减轻城市人口压力创造条件。可以扩大城乡文化、信息交流，促进农村开放。还可以绿化、美化环境，提高城市生活和生存环境质量。

2.7 利益相关者理论

2.7.1 利益相关者的概念

利益相关者是指与企业生产经营行为和后果具有利害关系的群体或个人。对企业而言，其利益相关者一般可以分为三类：资本市场利益相关者（股东和公司资本的主要供应者）、产品市场利益相关者（公司主要顾客、供应商、当地社团和工会）以及组织中的利益相关者（所有公司员工，包括管理人员和一般员工）。每个利益相关者群体都希望组织在制定战略决策时能给他们提供优先考虑，以便实现他们的目标，但这些权益主体的相关利益及所关心的焦点问题存在很大的差别，且往往互有矛盾。于是，为了协调企业内部各方的利益关系，利益相关者理论开始形成并逐步发展。

2.7.2 利益相关者的分类

对于利益相关者分类，国际上比较通用的是多锥细分法和米切尔评分法。

2.7.2.1 多锥细分法

从利益相关者对企业的影响来看，可以划分为直接和间接利益相关者。直接利益相关者指直接对企业拥有最直接接触和影响的群体，包括公司股东、员工、供应商和消费者等。间接利益相关者指与企业发生非直接关系的群体，包括政府、媒体、公众等，对企业的发展起间接作用。

从合同关系上来看，可以将利益相关者划分为契约性、公众性利益相关者两种类型。

从属性是否具有社会性来看，可以将利益相关者分为四类，分别为主要社会利益相关者、次要社会利益相关者、非社会利益相关者。主要社会利益相关者直接参与企业活动、决策、消费，与企业建立的关系最为直接。次要社会利益相关者通过相关的社会活动与企业建立间接联系，包括政府、公益机构、媒体等。主要的非社会利益相关者指那些与企业具有直接联系但不以人的意志为转移的群体，包括土地、水资源等物质载体。次要的非社会利益相关者，是指不与企业具有直接联系，又不以人的意志为转移的群体，最典型的包括动物群体和人类的后代，虽然其对企业未来具有巨大的潜在影响力，但并没有在当下反映出来。

2.7.2.2 米切尔评分法

米切尔评分法是一种通过利益相关者属性来分类的方法。这种理论认为，利益相关者必须具备 3 种属性之一，分别为合法性、权力性和紧迫性。具体采用分值法将利益相关者定义为 3 种类型，即确定型利益相关者、预期型利益相关者和潜在型利益相关者。确定型利益相关者同时具有上述的 3 种属性，是与企业联系最紧密的群体。预期型利益相关者只要满足 3 种属性当中的 2 种即可，如同时具备合法性和权力性的是政府和相关机关单位，具有合法性和紧迫性的包括媒体和各类社会公益组织等。潜在型利益相关者只需具备 3 种属性当中的一种即可。米切尔评分法是在多锥细分法的基础上发展起来的，既吸收了其传统的分类方式，又在传统的基础上简化了操作难度，使之更偏向应用型研究。

2.7.3 利益相关者理论的发展

利益相关者理论的发展大概可以分为 3 个历史阶段。

（1）影响企业生存阶段。此阶段，众多学者和企业家关心的层面处于初级探索阶段，主要讨论谁是企业利益相关者的问题。“企业依存”观点是当时的主流观点，认为社会责任是影响企业发展的重要限制因素，没有意识到社会责任对于企业的重要性，也没有将社会责任上升到企业战略的高度去对待。关于利益相关者理论对于企业的重要性问题也没有做出合理的解释。

（2）实施企业战略管理阶段。在此阶段中，著名学者弗里曼率先开展了利益相关者理论在企业战略管理领域的应用研究，开启了“企业战略管理”时代。其观点认为，利益相关者理论对企业战略分析、定位、实施各个环节具有重要的指导意义，认可利益相关者对企业战略管理的重要性。此后，利益相关者理论逐步成为企业战略管理领域的主流理论，在现代企业管理制度中起到了举足轻重的作用。

（3）参与所有权分配阶段。此阶段对利益相关者理论进行了全方位的定义，将其融合到了飞速发展的新时代，更为全面地定义了利益相关者，从治理公司的角度出发，讨论利益相关者是否可以分享企业的所有权。主要讨论点在于利益相关者是否可以分得企业剩余控制权和和索取权。

2.7.4 利益相关者理论在实践中的应用

利益相关者在实践中的应用主要体现在企业和产业发展。

在企业案例中，比较著名的属强生和默克这两家国际商业巨头，其辉煌的发展经历足以说明利益相关者理论对于企业具有重要的指导作用。强生集团在之前的发展过程中出现过质量安全问题，造成了几起药品死亡事件。强生集团在面临巨大经营压力的时候，选择了通过利益相关者模型，作为自身战略管理的指导理论，将利益相关者划分为医生、护士、医院法人和消费者。通过挖掘这四类群体的价值，最终摆脱了药品事件带来的经营危机。

世界著名药品集团默克药业创始人乔治·默克告诫自己的员工，要永远记住药品是为人而生产的，而不是为了利润。就是因为这样的一个目标，奠定了默克药业在世界药品企业中的领头羊地位。

3 北京市奶业概况

北京市作为我国的首都、四大直辖市之一，奶业育种技术先进，奶业市场发展前景广阔，具有鲜明的都市型奶业城市特点。从奶业产业链条角度分析，北京市奶业产业链共包括 5 个环节，即奶牛养殖环节、生产加工环节、市场消费环节、资源与环境环节、社会与文化环节。每个环节的发展都决定着北京市奶业未来发展的方向。

3.1 奶牛养殖概况

从全国范围来看，作为典型的都市型奶业城市，北京市奶业在市场消费领域具有比较明显的优势。但奶牛养殖环节受到自然资源先天限制和农业用地面积不断缩小的影响，总体规模不大。近年来，北京市奶业利用自身发展优势条件，不断提高奶牛养殖效率，降低经营成本，正朝着可持续发展的道路前进。

北京市奶牛养殖场分布比较均匀，13 个区均有涉及。大致分为京南、京北奶牛产业带。

京南奶牛产业带是北京市最重要的奶牛养殖区域，仅顺义、通州、大兴、房山 4 个区的奶牛存栏量就占了全北京市奶牛存栏量的 50%以上。可以说，京南奶牛产业带承担了北京市奶业基础环节的大部分风险，也是北京市奶业在可持续发展基础环节要重点关注的区域。从生鲜乳产量看，2013 年京南奶牛产业带共生产生鲜乳 34.72 万吨，占北京市生鲜乳生产总量的 56.48%，进一步说明了京南奶牛产业带在北京市奶业发展基础环节起到的关键作用。北京市奶业若想实现可持续发展，首先要加大对京南奶牛产业带的保护力度。在保证奶业资源充足的前提下，才能进一步地探讨北京市奶业可持续发展的问题。

京北奶牛产业带是北京市奶业发展的优势区域，主要产奶区域为延庆、密云和怀柔 3 个区。首先，从奶业资源规模上来看，京北奶牛产业带共拥有的奶牛存栏总量占北京市奶牛存栏总量的 30%。虽然没有京南奶牛产业带的绝对优势，但相对于其他区域来讲，还是具有一定的资源总量优势。另外，从成乳牛占牛群总数的百分比来看，京北奶牛产业带所占比重为 69.33%，比京南奶牛产业带的比重还要高出将近 8 个百分点，说明京北奶牛产业带拥有北京市质量最优的奶业资源。本书认为，可以将此区域重点打造成为高端观光牧场体验区，利用优质的奶业资源，以质取胜，在传统牧场经营模式的基础上，探索全新的奶业经营模式，增强此区域奶业文化的影响力和奶业基础环节的附加值。将奶业基础环节和都市型现代农业有机地结合起来，大力修建观光走廊和完善各项基础设施，包括旅游线路的拓展，观光区域住宿、餐饮和地标建筑物的建设。这样不仅符合可持续发展观中人与自然的和谐发展，又可以通过第一产业和第三产业的结合，使奶农的利益在保护资源环境的前提下达到最大化。通过释放北京市奶业基础环节的娱乐性，为当地催生出新的旅游产业。不仅有利于城市资本向乡村的转移，还有利于为北京市经济发展带来新的增长点。在具体实施过程中，可以效仿农业嘉年华的模式，举办京北奶业嘉年华。通过媒体的宣传和市民的参与，增强北京市奶业在市民心中的影响力。从另外一个角度来看，市民与奶业基础环节的直接接触，有利于增强消费者信心。这对于振兴民族奶业、恢复行业信心具有重要的推动作用。所以，充分利用好京北奶牛产业带的优势，必将加速北京市奶业实现最终的可持续发展。

在奶牛养殖环节中，能够反映可持续发展情况的指标大致有 4 个，分别为奶牛年平均物质服务费用（元/头）、奶牛养殖成本利润率（%）、奶牛年平均单产量（千克/头）和牛奶固形物数量（%），具体发展情况见图 3.1、图 3.2。

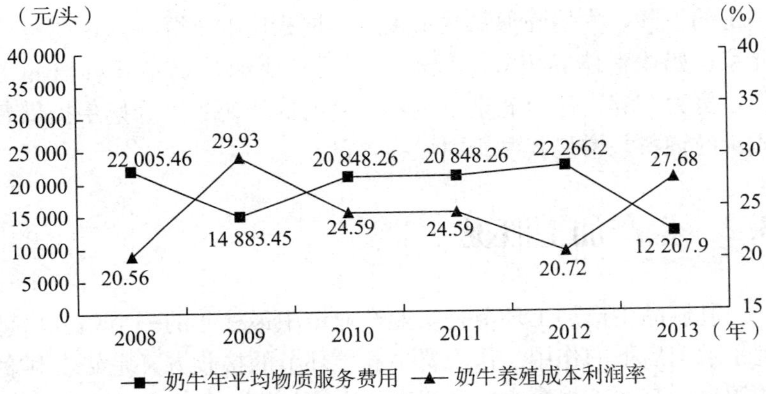

图 3.1　2008—2013 年北京市奶业年平均物质服务费用与奶牛养殖成本利润率

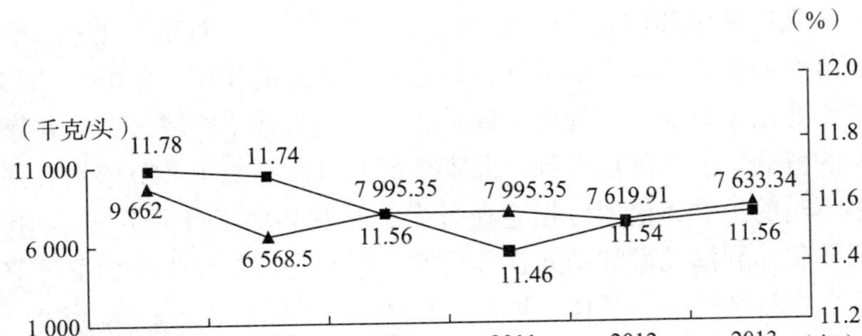

图 3.2　2008—2013 年北京市奶牛年平均单产量与牛奶固形物含量

从图 3.1 可以看出，北京市奶牛年平均物质服务费用从 2008 年的 22 005.46 元/头下降到 2013 年的 12 207.9 元/头，奶牛养殖成本利润率从 2008 年的 20.56% 上升到 2013 年的 27.68%。这两项指标总体反映了北京市奶业奶牛养殖环节的经营状况，说明北京市奶业奶牛养殖环节的成本在逐年降低，这有利于北京市奶业向着可持续方向发展。

从图 3.2 可以看出，北京市奶牛年平均单产量自 2008 年有一定的下降，牛奶固形物数量也有不同程度的下降。这说明虽然北京市奶业整体养殖效率较高，但还是要加强奶牛育种监测工作，努力培养出适应北京市生长环境的优质奶牛，为奶牛提供高质量的饲料，增强其牛奶固形物含量。

3.2 生产加工概况

乳制品生产加工环节是奶业产业链中最核心的一个环节，起到了承上启下的作用。作为奶牛养殖环节的接收方，是奶农利润的源泉，其加工规模决定了奶农的生产规模。作为奶业市场的上游环节，加工的质量决定了消费者购买乳制品的质量，是整个奶业市场销售的起点。

乳制品生产加工环节能否实现可持续发展，对整个北京市奶业能否向着可持续发展方向前进起到了关键的作用。2008—2013 年，北京市奶业加工规模不断扩大，从业人数不断增多。但在繁荣的背后，要清醒地看到，北京市奶业乳制品加工环节依然有许多不足的地方，诸如亏损企业过多、乳制品加工资源分配不均、行业整体利润总额波动异常等问题，不利于乳制品生产加工环节实现可持续发展，具体发展情况见图 3.3、图 3.4。

从图 3.3 可以看出，2008—2013 年，乳制品总产量和奶业从业人数均呈现比较明显的上升趋势。这说明北京市奶业总体加工规模在不断扩大，加工总体水平在逐步提高。良好的加工基础是北京市奶业乳制品生产加工环节可持续发展的重要保障。

从图 3.4 可以看出，北京市奶业加工利润总额由 2008 年的 0.07 亿元上升到 2010 年的峰值 1.35 亿元，随后又下降至 2013 年的－0.44 亿元，波动幅度过大，呈现出发展不稳定的态势。

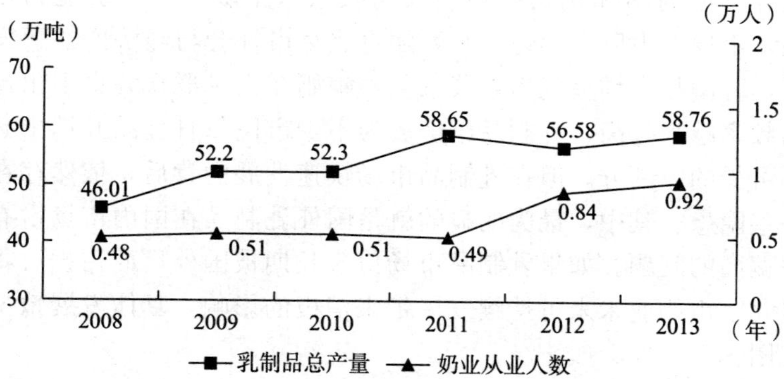

图 3.3　2008—2013 年北京市奶业乳制品总产量与奶业从业人数

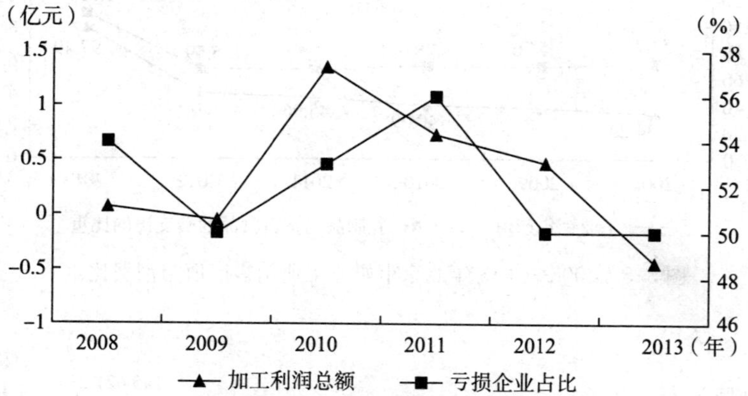

图 3.4　2008—2013 年北京市奶业加工利润总和与亏损企业占比

再看亏损企业占比，2008—2013 年，北京市奶业亏损企业占比常年保持在 50％左右，说明整个行业的经营活力不足，效益水平一般。

3.3　市场消费概况

市场消费环节是北京市奶业的重点发展领域。北京市作为世界一流的国际化大都市，人均收入水平较高，消费能力较强，市场潜力巨大。近年来，随着北京市社会与经济的快速发展，乳制品市场呈现出繁荣景象，牛奶在人民群众餐桌上出现的频率越来越高，乳制品已经成为不少市民每日食品开销中必不可少的一部分。但在乳制品市场快速发展的背后，依然存在一些隐患。其中，最为明显的就是国外乳制品在国内市场占有率偏高的问题。如果乳制品市场份额长期被国外厂商占据，将对北京市奶业未来可持续发展带来消极的影响，具体发展情况见图 3.5、图 3.6。

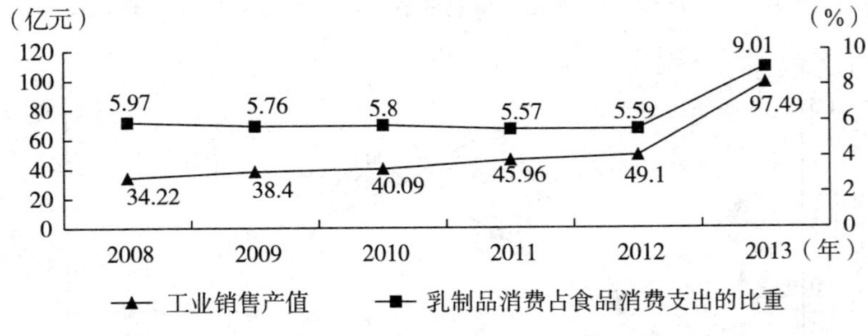

图 3.5　2008—2013 年北京市奶业工业销售产值与消费比重

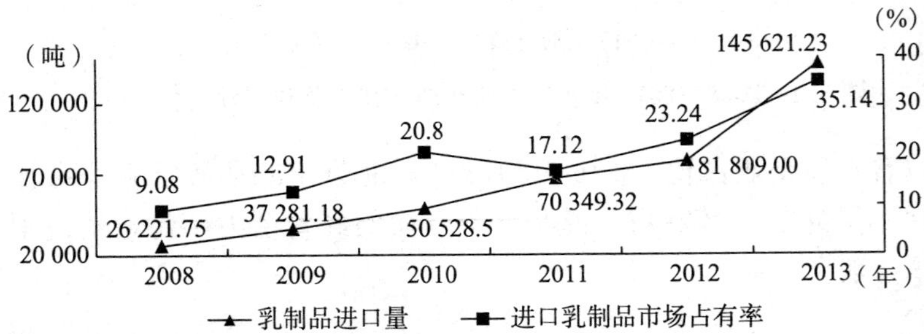

图 3.6　2008—2013 年北京市奶业乳制品进口量与进口乳制品市场占有率

从图 3.5 可以看出，北京市奶业工业销售产值从 2008 年的 34.22 亿元上升到了 2013 年的 97.49 亿元。乳制品消费占食品消费支出的比重也从 2008 年的 5.97%上升到了 2013 年的 9.01%。这两项指标的增长，说明北京市奶业市场消费需求量增强，市民饮食结构产生了不同程度的变化。

从图 3.6 可以看出，北京市奶业乳制品进口量自 2008 年以来成倍增长，从 2008 年的 26 221.75 吨增长到了 2013 年的 145 621.23吨。进口乳制品市场占有率也从 2008 年的 9.08%增长到了 2013 年的 35.14%。如何应对国外乳制品对北京本土市场的冲击，是北京市奶业能否实现可持续发展的关键。

3.4 资源与环境概况

北京市作为典型的都市型奶业城市，自然资源匮乏，奶业资源相对较少。但由于拥有众多科研院校的支持，使得北京市奶业拥有先进的排污设备，环境污染处理能力较强，这也成为北京市奶业资源与环境环节的一大亮点。强大的垃圾回收能力，可以使北京市奶业更好地利用有限的土地资源，打造一体化、集约化发展的高端都市型奶业，具体发展情况见图 3.7、图 3.8。

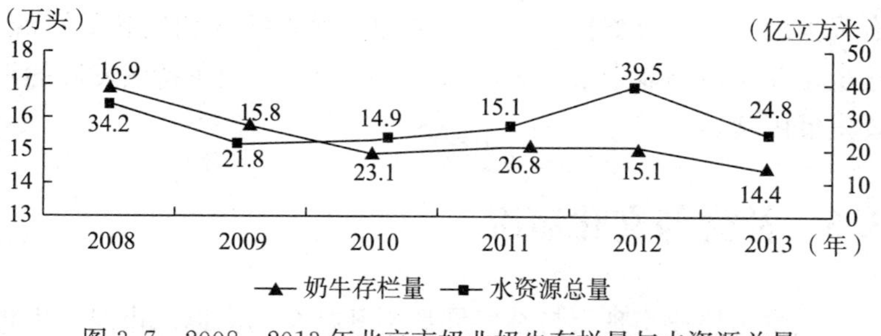

图 3.7 2008—2013 年北京市奶业奶牛存栏量与水资源总量

从图 3.7 可以看出，影响北京市奶业资源与环境环节可持续发展的两个重要指标均呈现不同程度的下降趋势。由于水资源总量从 2008 年的 34.2 亿立方米下降到了 2013 年的 24.8 亿立方米，奶牛存栏量也受到较大影响，从 2008 年的 16.9 万头下降到了 2013 年的 14.4 万头。资源总量不足的情况，是影响北京市奶业未来实现可持续发展的重要障碍因素。

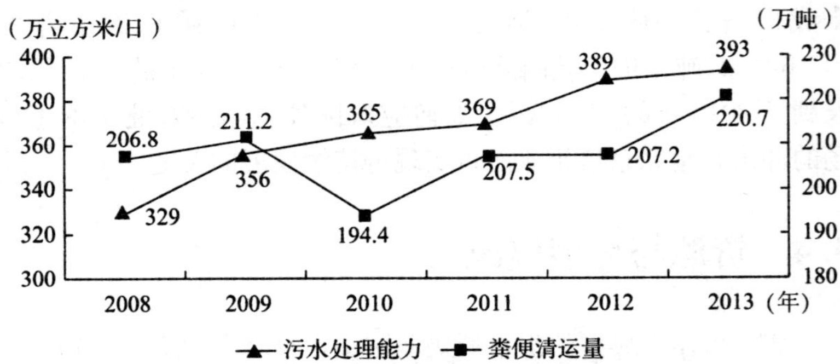

图 3.8　2008—2013 年北京市污水处理能力与粪便清运量

从图 3.8 可以看出，北京市污水处理能力在 6 年之间有了较大提升，从 2008 年的 329 万立方米/日的处理能力增长到了 2013 年的 393 万立方米/日。同样，粪便清运量也由 2008 年的 206.8 万吨上升至 2013 年的 220.7 万吨。这说明北京市奶业拥有强大的排污系统支持，有利于更加高效地循环利用各类资源。这也是北京市奶业未来解决资源约束问题，实现可持续发展的重要发展因素。

3.5　社会与文化概况

北京市奶业实现可持续发展离不开社会的支撑。市民的人均收入水平决定了奶业市场的供给水平，奶农合作社数量影响奶业文化在社会中的认可程度。所以，社会与文化环节也是北京市奶业可持续发展的重要环节。人均可支配收入与奶农专业合作社数量不同程度上代表了北京市奶业发展的社会经济基础和文化基础，具体发展情况见图 3.9。

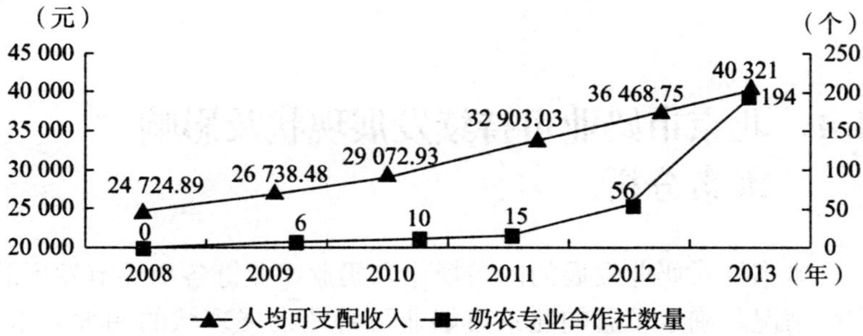

图 3.9　2008—2013 年北京市人均可支配收入与奶农专业合作社数量

从图 3.9 可以看出，北京市近年来社会经济发展状况较好，人均可支配收入从 2008 年的 24 724.89 元增长到了 2013 年的 40 321元。奶农专业合作社从无到有、从有到多，经过 6 年的发展，数量已接近 194 个。说明近年来，奶业文化正以非常快的速度融入农村中，更多的人愿意从事奶牛养殖工作。这有利于北京市奶业在未来实现可持续发展。

4 北京市奶业可持续发展现状分析

4.1 北京市奶业可持续发展现状及影响因素分析

本书针对奶业发展的内在规律和奶业产业链各个环节发展的实际情况，确定了影响北京市奶业可持续发展现状的四大要素：奶牛养殖要素、生产加工要素、市场消费要素、种源发展要素。并从每一个要素中筛选了若干个重要指标进行科学、系统的分析，具体指标见表 4.1。

表 4.1 北京市奶业可持续发展现状影响要素

影响要素	影响指标	指标内涵
奶牛养殖要素	奶牛存栏量（万头）	奶业资源总体水平
	原料奶产量（万吨）	奶牛养殖产出水平
生产加工要素	乳制品总产量（万吨）	乳制品加工总体水平
	乳制品企业个数（个）	乳制品加工行业总规模
	工业销售产值（亿元）	乳制品市场销售水平
市场消费要素	北京市人均年乳制品消费支出（元/人）	北京市乳制品消费水平
	全国人均年乳制品消费支出（元/人）	全国乳制品消费水平
种源发展要素	北京市改良种用牛进口数量（头）	奶牛种源控制能力

4.1.1 指标解释

4.1.1.1 奶牛养殖要素

奶牛养殖是奶业的基础环节，承担着原料奶生产的任务。原料奶品质是乳制品质量好坏的关键因素。所以，奶牛养殖环节的可持续发展情况，会直接影响到北京市奶业的可持续发展。本书在现状描述中主要选择了两个重要的指标，分别是奶牛存栏量和原料奶产量。

（1）奶牛存栏量是反映奶牛养殖资源的重要指标之一。如同工人是工厂发展的动力一般，奶牛存栏量从一定程度上反映了某个养殖场的原料奶生产能力。在产奶效率相同的假定条件下，奶牛数量大致决定了养殖场的产奶量。

（2）原料奶产量是直接反映奶牛养殖场生产能力的重要指标。从整体上来看，原料奶产量可以反映出奶牛养殖的总产出水平。只有拥有稳定的生产能力，才能保证奶业基础环节实现可持续发展。

4.1.1.2 生产加工要素

生产加工环节是奶业产业链条中的核心环节，起承上启下的作用。上游（奶牛养殖环节）为其生产优质的原料奶，下游（市场消费环节）为其带来经营收入和利润。作为原料奶的收购方，乳制品加工企业直接决定了奶农的经营收入。强大的加工能力，不仅可以提高奶农的生产积极性，还可以使企业和奶农之间保持和谐的买卖关系。作为乳制品市场的直接供给者，乳制品加工企业一方面承担着市场需求的压力，另一方面还承担着消费者食品安全的责任。所以，乳制品加工企业不仅要具备一定的加工能力，还需要保证乳制品的质量安全。在此环节，本书主要用乳制品总产量、乳制品企业个数、工业销售产值这 3 个重要的指标，来反映北京市奶业在乳制品生产加工环节的可持续发展现状。

（1）乳制品总产量是反映乳制品加工行业整体加工水平的重要指标。若加工数量不足，不能满足乳制品市场的消费需求，则说明乳制品加工行业的水平不高；若加工数量远远超过了市场的消费需求，则说明乳制品加工行业缺乏对市场信息的准确判断。

（2）乳制品企业个数是直接反映乳制品加工行业规模的重要

指标。其实，乳制品加工企业个数的多少并不能反映乳制品加工行业经营效益的好坏。但是，在一定程度上反映了乳制品加工行业的企业活力和垄断情况。若某区域的乳制品加工企业个数过少，说明此区域内的乳制品加工行业缺乏市场竞争活力，垄断情况严重，市场准入门槛过高；若某区域的乳制品加工企业个数正常，就需要结合其中大型加工企业的加工份额来确定此区域的乳制品加工行业是否缺乏市场活力。

（3）工业销售产值是反映乳制品加工行业市场销售水平的重要指标之一。企业是以盈利为目的的组织，盈利是其生存与发展的根本。工业销售产值虽然不能全面地反映乳制品加工行业的利润情况。但在一定程度上，反映了某区域乳制品加工行业的整体销售水平。

4.1.1.3 市场消费要素

北京市是我国重要的乳制品消费市场，消费人群数量庞大，市民消费能力较强，市场需求旺盛，市场消费潜力巨大。在研究北京市奶业可持续发展问题时，市场消费要素无疑是本书研究的重点内容。保持乳制品消费额的持续稳定增长，不仅有利于激励乳制品加工企业扩大生产规模，提高生产效率，还有利于提升奶业基础环节的养殖信心。在此环节，本书选择了北京市人均年乳制品消费支出和全国人均年乳制品消费支出这两个重要的指标，通过对比的方式来反映北京市奶业在市场消费环节的可持续发展现状。

（1）北京市人均年乳制品消费支出是反映北京市民乳制品购买能力和消费水平的重要指标之一。只有市民拥有强大的购买力，乳制品市场才能保持持久的发展能力。虽然北京市的人均乳制品消费能力在全国范围内首屈一指，但是与国际各大城市相比仍有较大的差距。北京市奶业市场若想实现可持续发展，还需要继续引导市民养成消费乳制品的习惯，使人均乳制品消费支出保持稳定的增长趋势。只有这样，乳制品消费市场才能够最终实现可持续发展。

（2）全国人均年乳制品消费支出是反映全国乳制品消费水平的重要指标之一。本书通过分析此指标与北京市人均年乳制品消费支出的差距，来判断北京市奶业的市场消费能力在全国大致处于什么样的位置。若北京市乳制品市场的消费能力远远大于全国的平均水平，则说明北京市奶业在全国范围内的可持续发展潜力巨大；若北京市乳制品市场的消费水平与全国平均水平相差无几，则说明北京市奶业在市场消费环节还需加强消费引导。

4.1.1.4 种源发展要素

北京市不仅是全国重要的乳制品消费城市，也是全国重要的奶牛育种基地。由于北京市拥有全国最强大的科研实力，所以近年来一直肩负着我国种源控制与保护的重任。保证种源的充足，就是保证未来奶业发展的后备资源。本书选取了北京市改良种用牛进口数量这一指标来反映北京市在奶牛育种环节的可持续发展情况。

北京市改良种用牛进口数量是反映某区域种源控制能力的重要指标之一。本书通过总结北京市近年来改良种用牛进口数量的增长规律，来判断北京市奶业的种源控制能力。大量进口国外的优质种源，不仅可以提升本地的奶业资源规模，还可以通过技术交流和进步，繁育出适合特定区域生产的奶牛。

4.1.2 奶牛养殖

奶牛养殖环节是奶业产业链条的源头，生产加工环节所需要的所有原料奶均来自于此。北京市奶业发展类型为都市型奶业，奶业资源有限，且增长趋势并不稳定。具体发展情况见图 4.1。

近年来，北京市在奶业资源有限的条件下，依靠强大的科研优势，充分利用有限的奶业资源，减小了其变动的幅度，并逐步形成了奶牛养殖可持续性发展的特点。

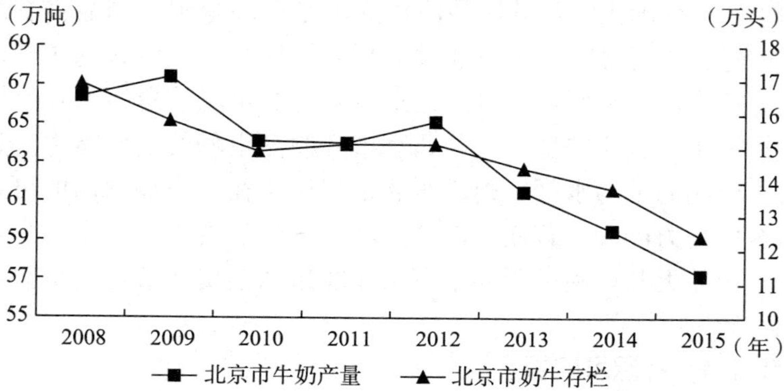

图 4.1　2008—2015 年北京市奶牛存栏量与原料奶产量

4.1.3　生产加工

奶业生产加工环节是与乳制品消费市场衔接最紧密的一个环节，加工质量的好坏决定了市场上乳制品质量的好坏。近年来，北京市乳制品产量与工业销售产值均保持稳定增长趋势，具体发展情况见图 4.2。

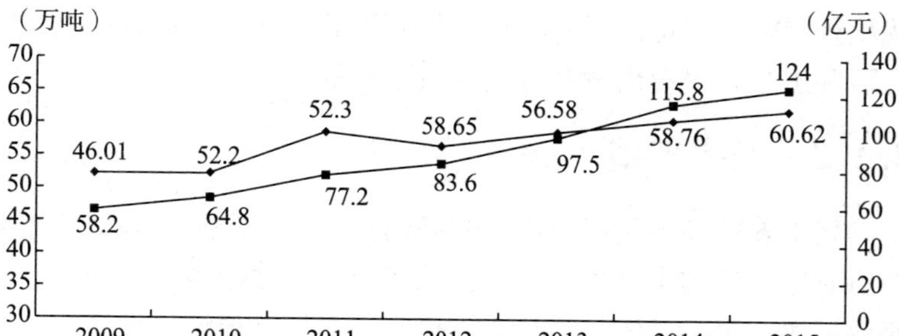

图 4.2　2009—2015 年北京市乳制品产量与工业销售产值

近年来，北京市乳制品加工企业数量逐步减少，但工业销售产值依然稳步增长。说明北京市乳制品加工行业整体效率正在逐年提高，具体发展情况见图 4.3。

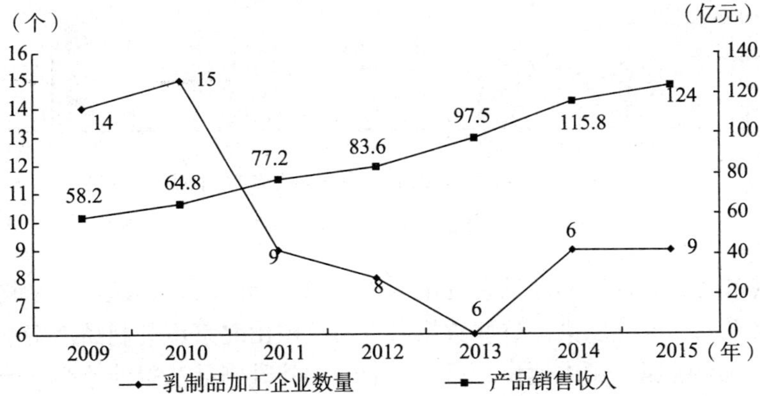

图 4.3　2009—2015 年北京市乳制品加工企业数量与工业销售产值

近年来，北京市奶业行业通过不断地整合资源、优化结构、提高整体劳动生产效率，在乳制品加工企业数量快速减少的情况下，实现了工业销售产值的稳步增长，逐步形成了乳制品生产加工可持续性发展的特点。

4.1.4 市场消费

北京市是我国主要的乳制品消费市场，作为都市型奶业的代表，北京市奶业市场突出体现了消费能力强、消费潜力大的特点。近年来，北京市城镇居民人均年乳制品消费支出稳步增长并远远超过全国平均水平，处于全国领先地位，具体发展情况见图 4.4。

据《2013 年中国奶业年鉴》统计，2012 年北京市居民人均乳制品购买量为 29.37 千克，远远高于全国平均水平（低于 8 千克），但与世界平均水平（100 千克）相比仍有较大的差距。北

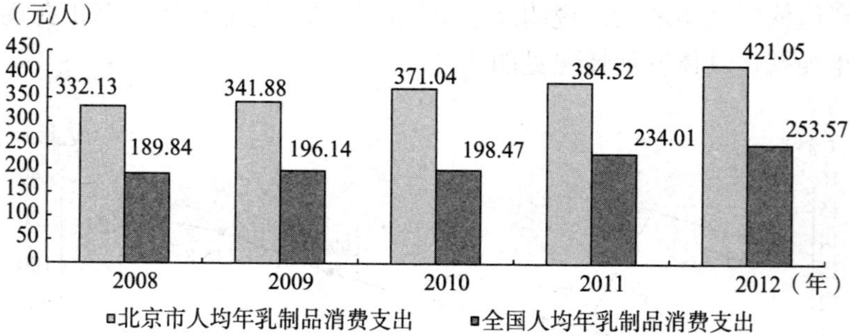

图 4.4　2008—2012 年北京市与全国人均年乳制品消费支出

京市居民人均乳制品消费支出额为 421.05 元/人，远超全国平均水平 253.57 元/人。这些数据一方面反映出北京市乳制品消费水平在全国属于领先地位，另一方面与国外乳制品消费的差距说明北京市奶业市场依然具有很大的发展潜力，保持北京市乳制品市场消费水平稳定持续发展，是北京市奶业可持续发展最重要的特点。

4.1.5　种源发展

北京市在“十二五”期间提出打造“种业之都”的目标，并启动实施北京市种业发展规划，大力建设北京市奶牛中心，提高北京市对全国奶牛养殖业的种源控制能力。

近年来，北京市改良种用牛进口数量呈明显上升趋势，具体发展情况见图 4.5。

加强对奶牛种源的控制，有利于我国推进奶牛遗传改良工作的进程，保持奶牛种业发展的持续性，培育出优质品种，提高奶牛单产、增加养殖效益、促进奶农增收，是北京市奶业可持续发展的一大特点。

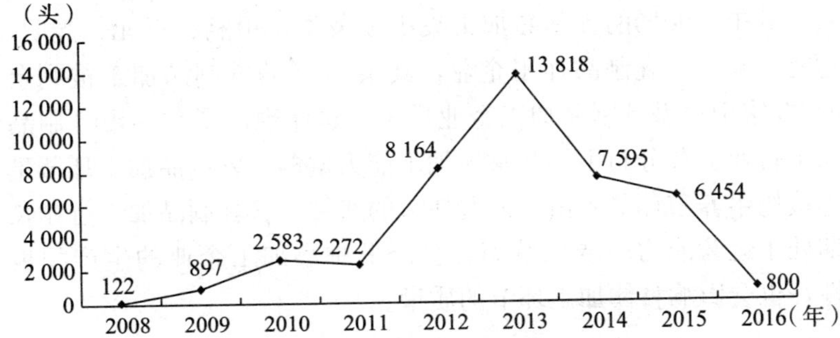

图 4.5　2008—2016 年北京市改良种用牛进口数量

4.2　北京市奶业可持续发展面临的主要问题

北京市是我国主要的乳制品消费市场，发展定位为都市型奶业。特点是奶业基础好、消费市场庞大和地缘优势明显。但北京市奶业在可持续发展的过程中依然面临一些问题。

4.2.1　奶牛养殖成本逐年攀升

奶牛养殖成本是制约奶牛养殖实现可持续发展的重要因素，若其上升，不仅会降低农户生产的积极性，也会对下游乳制品企业的发展产生不利影响，尤其会增加乳制品加工企业对原料奶成本的承受压力，而这些压力最终会转移到广大消费群体身上。近年来，北京市奶农养殖成本受饲料价格上涨、人工成本攀升、国外奶业市场冲击等因素影响，不断攀高，奶业基础环节承受的成本压力日益增长。因此，降低奶牛养殖成本对于北京市奶业实现可持续发展至关重要。

4.2.2　乳制品加工企业运营能力不强

据《2013 年中国奶业年鉴》统计，北京市现阶段共拥有乳制品加工企业 28 家，亏损企业占企业总数的比例维持在 50%左右。其中，90%的乳制品加工集中在蒙牛、伊利、三元、光明、达能 5 家大型乳制品加工企业，其余 10%的乳制品加工被剩余的 23 家中小型乳制品加工企业瓜分。这体现出了北京市乳制品加工行业资源分布不均和整体加工能力偏弱。乳制品加工环节是连接奶牛养殖环节和市场消费环节的纽带，若乳制品加工行业长期处于运营能力较弱的状态，会降低中小加工企业的生产积极性，也会影响整体加工环节的质量。

4.2.3 奶业市场竞争不断加剧

4.2.3.1 奶牛饲养效率有待提高

近年来，尽管北京市奶牛养殖业饲养技术水平不断提高，饲养设备不断更新，饲料品质不断优化，但是 2012 年北京市成母牛平均单产（6.6 吨）仍低于天津市（7.3 吨）、上海市（8.4 吨）等都市型奶业城市，整体饲养效率依然有待提高。

4.2.3.2 奶业市场结构单一

北京市乳制品企业的产品种类丰富，但产品形式单一，液态奶主要以酸奶、高温灭菌奶、巴氏消毒奶为主，与西方国家产品形式相比，竞争优势并不明显。

纵观西方国家奶业发展之路，其共同点是大力发展高品质的液态奶，从而适应不同人群的需要，增强自身市场竞争力。

4.2.3.3 市场预警机制有待完善

近年来，随着北京市乳制品需求量的快速增长，对国外进口乳制品的依赖程度日渐加深，但至今北京市奶业都没有形成一套完整健全的市场预警机制。建立健全一套完整的市场预警机制，加强自我保障能力，对于北京市奶业实现可持续发展至关重要。

4.2.3.4 奶业市场垄断程度过高

目前，通过调研发现，北京市奶业市场集中率 CR8 已经明显大于70%，市场份额集中在蒙牛、伊利、三元、光明、达能等大型乳制品加工企业，属于极高寡占型垄断。行业垄断程度过高会提高市场准入门槛，降低市场活力和创新能力，不利于北京市奶业实现可持续发展。

4.2.4 水资源日益匮乏

据《北京市水资源公报》统计，2013年北京市水资源总量为24.81亿立方米，人均水资源占有量为117立方米。北京市作为资源型重度缺水特大城市，水资源总量常年处于较低水平，形势不容乐观。加之近年来城市快速发展和人口过快增长，首都水资源供需矛盾日益突出。

4.2.5 养殖业环境污染不断加剧

近年来，北京市奶业积极向着规模化、集约化方向发展，500头以上的大规模奶牛养殖场有119家。这在有效降低奶牛养殖成本的同时，也带来了严峻的环境压力。随着奶牛存栏量的提高，大量的牛粪由于无法及时处理或处理不当，为周围的自然环境带来了不小的压力。尤其粪水的大量排放导致了水体污染问题加剧，若环境污染问题得不到有关部门的及时关注，日后必将会成为阻碍北京市奶业可持续发展的重要因素。

5 基于利益相关者理论的北京市奶业可持续发展分析

5.1 北京市奶业可持续发展利益相关者图谱构建

北京市奶业可持续发展涉及多个利益主体，大致分为饲料加工企业、奶农、乳制品加工企业、乳制品消费者、政府机构、非政府组织、社会公众、自然环境和其他利益相关者。事实上，可持续发展涉及的内容涵盖了人类与非人类以及代内与代际的利益关系，甚至涉及了未来还没有发生的因果关系。所以，这些利益相关者在这里无法一一列举，在图谱中统一称为其他利益相关者。

5.1.1 研究切入点——乳制品加工企业

北京市奶业拥有一条涉及种植业、养殖业、加工业和市场消费的完整产业链条，利益相关者众多，而且相互之间联系密切。乳制品加工业集原料奶生产、市场销售功能于一身，对于上、下游各环节起到了承上启下的作用，是奶业产业链条中最重要的一环，因而乳制品加工企业自然成为众多利益相关者中的核心。对于奶农而言，乳制品加工企业是其利润的来源，也是其生存和发展的关键因素。协调好奶牛养殖业与乳制品加工业的关系，不仅有利于奶业中、上游环节的可持续发展，也有助于生产更高品质的牛奶。乳制品加工业与饲料加工业之间也同样存在密切的联系。众所周知，高质量的饲料是影响奶牛产奶的重要因素之一，牛奶中的固形物含量往往取决于饲料的配比方式。若乳制品加工企业与饲料加工业建立良好的协调机制，可以乳制品加工企业产品的需求为导向，引导饲料加工业优化配比结构，真正从源头生产适合北京市民体质的健康牛奶，两个行业的健康发展对于北京市奶业实现可持续发展意义重大。最后，市场消费环节是与乳制品加工行业联系最紧密的环节。一切现代企业生产加工的目的都是能够满足市场的消费和需求，从而达到其盈利的目标。北京市民对于牛奶品质、种类的需求是乳制品加工业存在的根本。想要生产出符合北京市民要求的高品质牛奶，需要整个奶业产业链各个环节的共同努力，只有这样，北京市奶业才能获得可持续发展的机会。本书将乳制品加工企业作为北京市奶业可持续发展的核心利益者，并将其作为本研究的重要切入点。

5.1.2 利益相关者图谱分类依据

本书结合北京市奶业不同利益主体的利益性质和影响手段，以关注度、参与度、影响度作为分类依据。

5.1.2.1 关注度

北京市奶业可持续发展对于产业链中的不同利益主体吸引力不同，会使各利益主体产生不同的行为措施。这直接影响了其对北京市奶业可持续发展的贡献程度。奶农、政府机构、乳制品消费者、自然环境，作为北京市奶业可持续发展利益相关者中的主要利益相关者，对北京市奶业的关注度最高，也是对北京市奶业发展期望值最高的群体。饲料加工企业、非政府组织和社会公众三者作为利益相关者图谱中的第二层，相比核心层的利益相关者，对北京市奶业可持续发展的关注度稍有减弱，但二者的联系也十分紧密。位于最外一层的其他利益相关者，对北京市奶业可持续发展的关注度最低，因为其属于未来的不确定性因素，是北京市奶业未来发展的潜在利益相关者。

5.1.2.2 参与度

由于能力或者关联程度的大小，导致各利益主体参与北京市奶业可持续发展的程度不同，影响水平也不同。

（1）奶农是奶业基础环节中最重要的社会群体之一，其肩负着农场的经营、饲料喂养、原料奶生产和食品安全卫生保障等责任，是奶业产业链条中最上游的利益相关者。自然环境是奶业发展的重要载体，奶牛养殖需要优质的土地和充足的水资源，而且奶牛的排泄物也需要自然环境来承担。如何保持奶业基础环节和自然环境的协调发展，是北京市奶业能否实现可持续发展的重要课题之一。按照可持续发展观的角度来理解，就是要在不破坏自然环境的基础上，使奶农获得最大化的利益。

（2）政府机构在北京市奶业可持续发展中的参与度也非常高。因为在市场经济体制下，政府要充分发挥宏观经济的作用，当一个产业受到冲击或者出现了恶性问题时，政府要积极地发挥作用，利用宏观手段，出台相关政策和使用各种手段，保护产业向着可持续方向发展。

（3）乳制品消费者是奶业产业链下游环节的重要群体，也是奶业市场中最重要的利润来源。无论是奶农、饲料加工企业还是乳制品加工企业，最终的目的是获得更多的利润来为自身获得更好的发展机会。而乳制品消费者是奶业产业链条中其他利益相关者的利润来源。消费决定生产，任何生产都是为了满足消费者的需求。所以，乳制品消费者在北京市奶业可持续发展中的参与度非常高，其决定了奶业中、上游的发展方向。

（4）饲料加工企业是奶牛养殖环节重要的参与者，其为奶牛提供有营养的饲料，使奶牛能够产出高质量的原料奶，而且饲料的成本还是影响生鲜乳收购价格的重要因素之一。保持饲料价格处于较稳定状态，是北京市奶业实现可持续发展的重要前提条件之一。

（5）非政府组织大多指非盈利性质的民间协会，其不拥有类似于政府性质的执法权、管理权等，但其构成人员往往是一些有威望的专家学者。通过他们的调查研究，可以为北京市奶业可持续发展提供许多有建设性的意见。

（6）社会公众主要指媒体和学术机构。他们也是北京市奶业可持续发展的重要利益相关者，主要职责是舆论监督，参与度也很高。媒体机构可以将客观了解到的行业信息通过直观的方式传达给消费者，为奶业和消费者之间建立起一座沟通的桥梁。学术机构可以将先进的研究成果与企业进行共享，有利于企业的科技和管理制度创新。

（7）其他利益相关者是指那些参与度较小的群体，是一些不确定性的群体，如我们的后代、新的奶业组织形式等。

5.1.2.3 影响度

北京市奶业可持续发展相关利益主体之间具有相互影响的特点，相互影响程度越大，对北京市奶业可持续发展的影响也越大。北京市奶业可持续发展的多数利益相关者存在着复杂的相互影响关系。其中，最为明确的一组相互影响关系是自然环境-饲料加工企业-奶农-乳品加工企业-乳制品消费者。这5个利益相关者基本构成了北京市奶业产业链条的基本轮廓。第一，自然环境为奶业基础环节的养殖提供了基本的载体。第二，饲料加工企业为奶牛提供合理配比的饲料，这才有了后面原料奶的生产。第三，奶农将原料奶售卖给乳制品加工企业，从而获得利润，维持生产。第四，乳制品加工企业通过加工生鲜乳得到乳制品，并且将其销售给乳制品消费者。第五，乳制品消费者通过购买乳制品满足自身的营养需要，同时为乳制品加工企业创造了利润。这组关系是北京市奶业可持续发展中相互影响度最大的一组利益相关者。

而其余的利益相关者或多或少间接影响着北京市奶业的产业链条。第一，政府机构通过宏观调控，对奶业产业链进行科学的监管。对生鲜乳收购价格进行价格监督，包括对乳制品生产进行卫生监督，对乳制品加工行业进行反垄断监督，对奶业市场进行质量监督等。政府机构的作用不仅体现在宏观调控上，还体现在社会宣传上。当奶业遇到危机事件，政府可以组织召开媒体发布会，向社会解释问题出现的原因和解决措施。这样不仅可以安抚社会民众的情绪，还可以间接地为行业争取改进的机会。第二，非政府组织主要的职责是对奶业整体发展状况进行评估和进行科学的培训。例如，奶农的相关养殖技术培训、奶业年鉴的撰写、奶业发展现状的评估等。有了非政府组织的存在，有利于促进奶业各个环节更加协调、有序的发展，也有利于北京市奶业整体实现可持续发展。第三，社会公众主要起到舆论监督的作用，与奶业产业链条中的各个重要利益相关者相互影响程度也很强。例如，2008 年发生的三聚氰胺事件，是社会媒体将乳制品加工环节的问题曝光给了广大民众。北京市奶业“倒奶杀牛”现象频发，也是由社会媒体将奶牛养殖环节出现的危机报道给了社会民众。社会公众对奶业产业链条的有效监督有利于促进整个产业的规范管理和健康发展。第四，其他利益相关者与北京市奶业产业链中的各个利益相关者相互影响程度也很高，北京市奶业可持续发展的目的之一，就是能让人们的后代茁壮成长，从而把北京市这座城市建设的更加和谐、美丽。

5.1.3 利益相关者图谱分层构建

结合上文所述的 3 个分类依据，可以将北京市奶业可持续发展利益相关者分为核心层、战略层和外围层。

5.1.3.1 核心层

北京市奶业可持续发展的主要利益相关者包括政府机构、奶农、乳制品加工企业、乳制品消费者、自然环境。相对于其他利益主体，其对北京市奶业可持续发展的利益诉求最强，且与核心利益相关者——乳制品加工企业存在直接的联系。乳制品加工企业若想实现可持续生产，必须协调好与他们的利益关系。只有这样，北京市奶业才能实现可持续发展。

5.1.3.2 战略层

相比于核心层，战略层中的利益相关者对于北京市奶业可持续发展的作用要稍微弱一些，与核心利益相关者之间的相互影响程度较小，但其构成了北京市奶业可持续发展的外部环境，包括饲料加工企业、非政府组织、社会公众。例如，北京市奶业协会作为一个非政府组织，起到了沟通乳制品加工企业与政府机构间的作用。饲料加工企业产品价格会直接影响奶农的经营成本，间接影响乳制品加工企业的生鲜乳收购价格。社会大众（媒体、各研究机构）对于乳制品加工企业的评判，将影响消费者对于乳制品的消费倾向。

5.1.3.3 外围层

作为整个北京市奶业可持续发展利益相关者图谱的最外层，包含了各种在未来可能出现的利益相关者，包括人们的后代和可能出现的新兴事物。虽然在短时间内无法判断其与核心利益相关者——乳制品加工企业的相互影响程度。但从长远角度来看，北京市奶业各个环节的可持续发展一定会对人们的未来产生巨大影响。经过上述分析，本书构建出了北京市奶业可持续发展利益相关者图谱，见图 5.1。

5.2 北京市奶业可持续发展利益相关者分析

通过研究北京市奶业可持续发展利益相关者图谱中核心利益相关者——乳制品加工企业与核心层、战略层及外围层其他利益相关者的相互影响关系，可以分析出不同利益诉求者之间的关系对北京市奶业可持续发展产生的积极和消极影响，对消极影响进行合理调节，是北京市奶业实现可持续发展的重要途径。

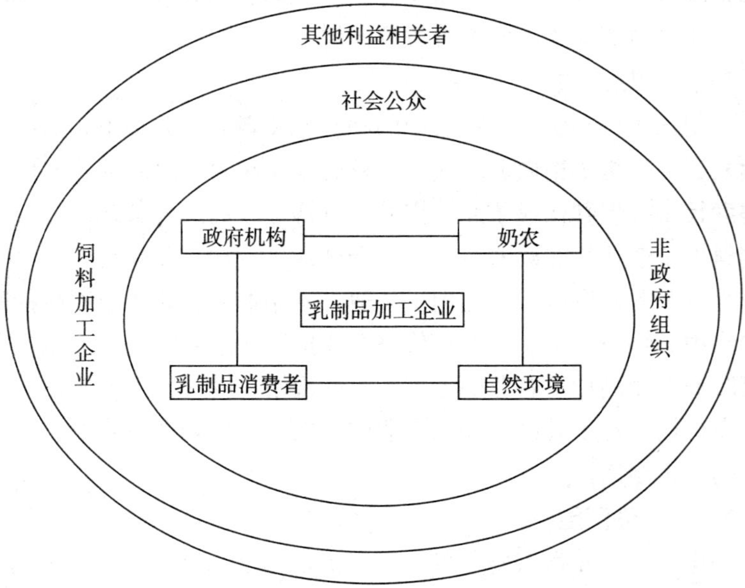

图 5.1　北京市奶业可持续发展利益相关者图谱

5.2.1　政府机构

乳制品加工企业作为奶业发展的核心环节，一向是政府机构重点关注和扶持的对象，双方联系紧密且具有直接利益关系。近年来，农业部高度重视奶业发展，出台了一系列针对奶业基础环节的扶持政策，每年投入大量资金支持奶业发展。据《2013 年中国奶业年鉴》统计，北京市奶业每年获得国家良种补贴资金 300 万元，采购良种公牛精液 20 万剂。获得奶牛生产性能测定扶持资金 143.5 万元，完成奶牛生产性能测定 2.04 万头。获得养殖场规模化改造投资 2 260 万元。反观乳制品加工企业对政府的作用，体现在乳制品质量保障层面和社会宣传层面。乳制品安全，关系到千家万户及婴幼儿、孕妇等敏感人群。不仅需要政府起到监管作用，乳制品加工企业的自律性一样重要。一旦出现类似于三聚氰胺的质量安全事件，不仅乳制品加工企业会遭受重大的信誉危机，政府相关部门也要承受社会舆论以及因监管不力所带来的严重后果。政府是人民最信任的机构，在社会宣传层面拥有任何机构所不能比拟的优势，在民众对奶业以及未来发展方向失去信心的时候，政府应当发挥市场经济中的宏观调控作用。对奶业的支持不仅要体现在补贴政策上，还要积极帮助企业建立良好的社会形象，引导民众的消费观和价值观，唤醒市民对民族奶业的信任。要充分利用媒体的宣传优势，为北京市奶业塑造一个健康的形象。

5.2.2 奶农

奶农与乳制品加工企业的关系，是北京市奶业可持续发展利益相关者图谱中联系最密切的一对利益相关者。随着奶业产业组织形式的发展，逐步形成了“乳制品加工企业＋奶农”的产业组织模式。奶农为乳制品加工企业提供加工所用的原料奶，从而获得相应的收入。而乳制品加工企业通过加工收购的生鲜乳，源源不断地从下游获取利润。二者拥有最直接的利益关系，也是最难实现和谐发展的利益关系。生鲜乳收购价格，是衡量奶牛养殖利润空间的重要指标，也是联结奶农与乳制品加工企业的重要指标。近年来，生鲜乳收购价格持续稳定上涨，具体见图 5.2。

但是，自 2014 年底至今，全国范围内生鲜乳收购价格急速下跌，从 2014 年近 5 元/千克的平均价格降至 2016 年的 3.51 元/千克，已经低于北京市大部分奶牛养殖场的平均养殖成本。所以，多地养殖场为了降低亏损，出现了“倒奶杀牛”现象，奶农与乳制品加工企业的矛盾日益激化。究其原因，是因为乳制品加工企业大量进口国外廉价奶粉，减少了对本国生鲜乳的需求量，奶农没有定价权，企业可以随意提高收奶标准，作为拒收原料奶的理由。双方在利益纠缠中陷入了“囚徒困境”，若二者关系长期保

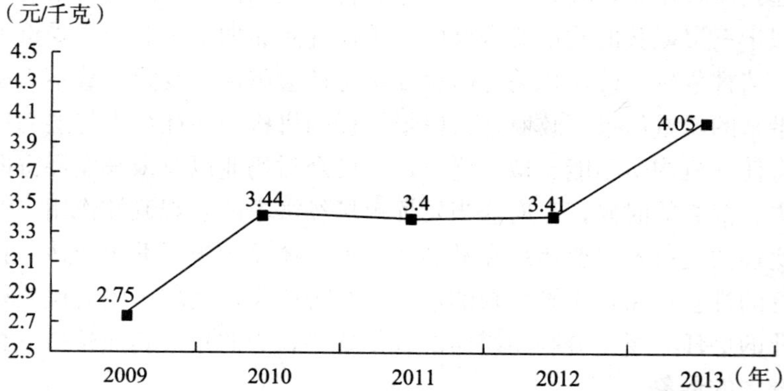

图 5.2　2009—2013 年北京市生鲜乳收购价格

持不和谐的关系，将对北京市奶业可持续发展带来消极影响。若想实现二者关系的协调发展，首先要建立一套切实可行的利益协调机制，来约束二者的经营行为，既要保证奶农的利润，又要保证乳制品加工企业获得高质量的原料奶。在这中间，政府的监管和消费市场的导向作用也不可或缺。在政府层面，要在一定程度上限制乳制品加工企业不良的经营行为，设立还原奶市场监督机制。首先，要在乳制品包装上对还原奶进行统一标识，在销售过程中的摆放位置要区别于使用生鲜乳加工而成的乳制品，使消费者能够清晰地辨别二者的区别。其次，对还原奶的价格进行监管，使其售价低于生鲜乳加工的乳制品，限制企业为了逐利而产生的不良销售行为，为消费者提供一个真实、透明的消费环境。最后，就是要在全社会积极普及奶业知识，让民众了解牛奶的生产过程和销售途径，真正让消费者与北京市奶业一起学习、成长。在市场消费层面，民众的需求构成了市场需求，而市场的需求决定了乳制品加工企业的发展和革新方向。在我国奶业市场中普遍存在一个问题，就是民众在乳制品消费过程中，存在盲从现象。在缺少奶业知识的前提下，盲目地相信企业的广告宣传效果，跟风购买，对牛奶品质的要求很低。这也是为什么许多大型乳制品加工企业乐此不疲地销售还原奶的根本原因。反观西方奶业发达国家，其乳制品种类和结构并不像我国这样单一，究其原因，是因为其消费者拥有明确的消费导向，正是这种明确的市场信息，引导着国外乳制品加工企业全面、健康地发展。所以，要协调奶农与乳制品加工企业之间的关系，不仅要建立一套可行的利益协调机制，还要建立一套还原奶市场监督机制和奶业知识普及体系。这其中的关系虽然错综复杂，却是保证北京市奶业向着可持续发展方向迈进的重要保障。

5.2.3 乳制品消费者

乳制品消费者是奶业的下游环节，是乳制品加工企业利润的源头，二者分别为需求方和供给方，关系十分密切。乳制品加工企业通过科技进步、品牌宣传、质量把控，得到消费者的信任，由此提高自身的销售量，获得更多利润。而乳制品消费者通过购买乳制品，获得更高的生活质量。消费对生产起导向性作用，民众对于牛奶品质的需求是乳制品加工企业前进的动力，若想使乳制品加工行业实现可持续发展，首先民众要具备可持续发展观，要摒弃那些不良的消费习惯，如过于相信广告宣传、盲目跟风购买、崇洋媚外等。消费者的这些不良消费习惯，是影响乳制品加工业甚至是整体奶业可持续发展的重要限制因素。只有消费者积极培育健康的消费习惯，切实根据自身需要购买高质量的乳制品，才能从根本上保障北京市奶业向着更加健康的方向发展。近年来，乳制品质量安全事件频发，食品安全已然成为影响消费者购买乳制品的决定性因素。由于受到乳制品信任危机的影响，北京市奶业市场受进口乳制品冲击程度逐年提高，具体见图 5.3。

乳制品加工企业如何在缺乏信任的市场环境中脱颖而出，获得消费者的青睐，是其能否实现可持续发展的重要因素。协调好乳制品加工企业与乳制品消费者之间的关系，重拾消费者信任，

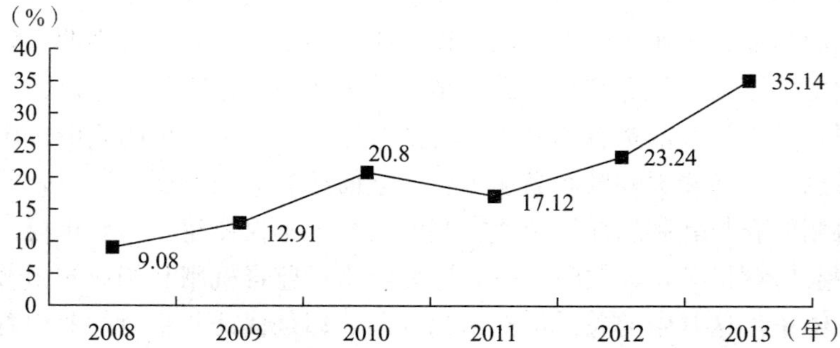

图 5.3　2008—2013 年北京市进口乳制品市场占有率

抵御国外奶业的冲击，是北京市奶业能否实现可持续发展的关键。从乳制品消费者角度出发，首先要通过各种途径增强奶业知识，要充分了解每一类乳制品对于人体的作用，按需购买，不要盲目跟风购买。例如，目前许多父母盲目地相信“洋奶粉”比国产奶粉更健康，可是很少有人能意识到，国外奶粉是按照欧洲婴幼儿的营养需要而生产的，并不一定适合亚洲儿童。这个典型的例子说明，我国许多民众并不了解自身对乳制品的需求，只是跟风购买。这对于奶业的可持续发展产生了严重的阻碍作用。从乳制品加工企业角度出发，首先，通过各类媒体宣传自身的健康形象，让民众恢复对国产乳制品的信任。这其中包括名人效应、政府宣传效应和制造社会热点事件等。总之，要通过各种方式，获得民众的关注。其次，要突出自身优势。本书认为，之所以目前国人盲目地相信“洋奶粉”，其关键影响因素就是民众不知道国产奶粉的优势在哪。有的“洋奶粉”品牌大肆宣传自身的婴幼儿奶粉采用了世界上最先进的技术，有的则打着“百年经典”的旗号大肆宣传其古老而又神秘的育儿配方。反观国产奶粉，大都是效仿国外的营销方式，没有突出自身的优势和亮点，当普通消费者进行选择时，自然会倾向于“有故事”的品牌。所以，协调好乳制品消费者与乳制品加工企业之间的关系，需要民众的信心和企业的创新。北京市奶业实现可持续发展更需要社会多一分的包容和整个行业多一分的努力。

5.2.4 自然环境

目前，北京市共有 28 家乳制品加工企业。其中，蒙牛、伊利、三元、光明和达能 5 家大型乳制品企业都拥有各自的规模化养殖场。随着奶牛养殖规模化程度的提高，用水量、粪便污水排放量不断增多。自然环境是奶牛养殖的载体，只有与自然界保持和谐的关系，才能利用自然环境使自身得到长久的发展。北京市是一座国际化大都市，但同样是一座自然禀赋先天不足的城市。辖区面积由近 60%的山区围绕，水资源极度匮乏，人口数量基数庞大，这些不利因素严重制约了北京市奶牛养殖业的发展。一头奶牛一天的饮水量区间在 40～60 升，是一个成年人用水量的 15 倍以上。而北京市奶牛存栏量早已进入“十万”级别，也就是说，北京市奶业每年至少要消耗相当于百万人口的饮水量，这无疑为北京市本就脆弱的水资源环节增添了不小的压力。面对这种情况，本书认为，大规模的奶牛养殖已经不再适合北京市奶业的未来发展。站在人与自然和谐共处的角度上，北京市奶业可持续发展的总基调应当调整为适度规模化发展，要实行“种养结合”新模式，充分利用北京市的市场资源优势，将奶业和都市型现代农业有机结合起来，发展“高端牧场体验区”，增加奶业的娱乐性和附加值，让奶业和观光旅游业联结起来，在有限的资源背景条件下，创造出超高的利润。这样不仅保障了农户的利益，也能有效地保护自然资源。另外，还要发挥北京市科研实力雄厚的优势，依托各类大型研究机构，提高北京市奶业的整体水资源利用率和粪污处理能力，以“0 污染牧场”为目标，发展一体化经营，让科技创新驱动北京市奶业向着可持续发展方向迈进。近年来，在北京市政府的引导下，各大乳制品加工企业开始重视水资源利用效率和粪污处理能力，奶业用水量逐年下降，粪便清运量逐年提升，具体见图 5.4、图 5.5。

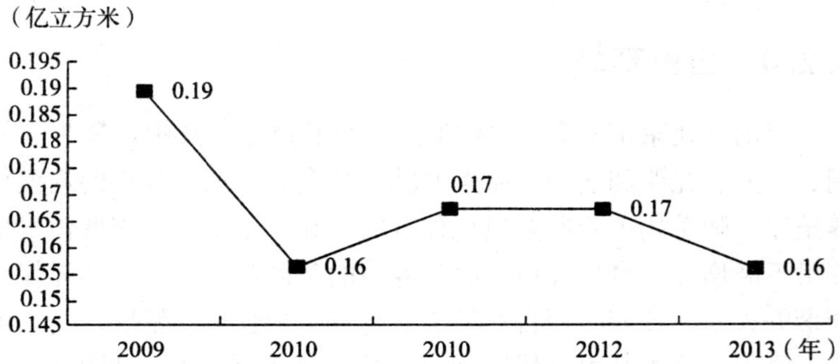

图 5.4　2009—2013 年北京市奶业用水量

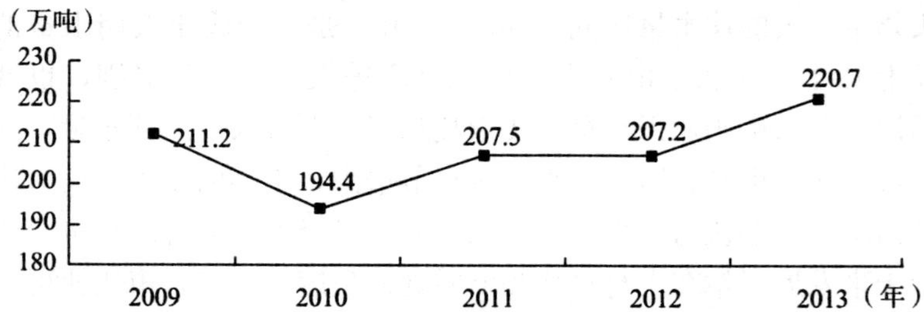

图 5.5　2009—2013 年北京市粪便清运量

随着节水技术和可持续发展思维的不断推广，北京市奶业水资源利用效率不断提高，节水意识不断增强。在粪便处理能力方面，攻破了许多技术难关，为北京市整体粪便清运能力提升做出了不小的贡献。

5.2.5　饲料加工企业

饲料加工企业属于饲料加工业，是与奶业关联度最高的产业，饲料加工成本是影响农户养殖成本的重要因素，而农户养殖成本又会影响乳制品加工企业的生鲜乳收购价格。也就是说，饲料加工环节对乳制品加工企业起到了重要的间接作用。目前，在国家发展“粮经饲”三元种植结构的大背景下，饲料加工行业迎来了千载难逢的发展机遇。众所周知，国内饲料行业已被国外饲料市场冲击多年，国外饲料凭借优良的品质和低廉的价格，占据着相当大一部分的国内饲料行业市场份额。在国家政策大力扶持的大背景下，北京市乃至全国的饲料加工企业迎来了奋起直追的机会。对于北京市的饲料加工企业而言，科技创新无疑是发展的重中之重，要在饲料配比、加工成本方面投入充足的精力，要研发出“成本低、质量优”的高质量饲料，彻底打破国外对国内饲料加工行业的垄断趋势。近年来，北京市饲料加工行业发展稳定，具体见图 5.6。

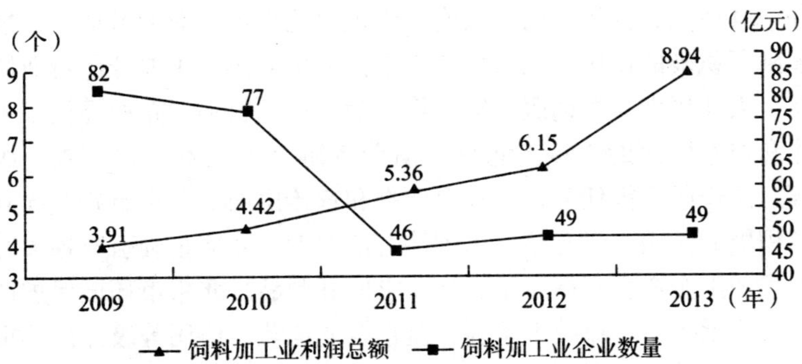

图 5.6　2009—2013 年北京市饲料加工业基本经营情况

近年来，北京市在饲料加工企业不断减少的情况下，利润总额依然保持较稳定的增长态势。说明北京市饲料加工行业的结构在不断优化，生产效率也在不断提高。作为全国科技水平最高的城市之一，北京市饲料加工行业的任务远远不止提高利润这一项，其肩负的应当是带领这个行业崛起的责任，要充分发挥“以点带面、辐射全国”的作用。将科技成果转化为整个行业的生产力，让全国各个饲料加工企业都能享受到科技进步的成果。只有这样，整个行业才能向着可持续方向发展。饲料加工企业的动力来源于养殖户对饲料的需求，引导饲料加工业向可持续方向发展，对于降低奶农生产成本具有重要的现实意义。

5.2.6 非政府组织

非政府组织是非官方的、民间的组织，其成员不是国家，而是个人、社会团体或其他民间机构。本书所研究的非政府组织主要指北京市奶业协会。作为北京市奶业和政府机构之间的沟通桥梁，北京市奶业协会自 1998 年成立以来，一直致力于为奶农提供专业培训、咨询服务，为行业发展提供研究和成果交流平台，承担政府委托督促乳制品加工企业履行社会责任的职责，在协调奶业各方利益关系方面起到了不可或缺的作用。除了奶业协会外，其他相关性较高的非政府组织也对北京市奶业的可持续发展起到了积极的作用。例如，北京市饲料工业协会主要开展行业协调、人才培训、咨询服务等工作，为奶业饲料加工企业提供了人才和技术层面的支持。北京市消费者协会承担着消费调查、维权、法规研究等任务，在社会调查和宣传层面对北京市奶业起到了积极的作用。只有培养出理性的消费者，才能正确引导各大乳制品加工企业生产高质量、严要求的乳制品。北京市环境保护产业协会承担着环保技术培训、监督企业运营、信用等级评价等重要任务，其对于促进奶业绿色发展，起到了关键作用。虽然非政府组织与乳制品加工企业没有直接的利益关系，但是通过各类协会举办的各种大型研讨交流活动，乳制品加工企业可以获取大量的行业相关信息，对其制定发展战略至关重要。

5.2.7 社会公众

社会公众指参与社会活动的民众群体，包括媒体机构工作人员、学术机构专家学者等，其对乳制品加工企业主要起舆论监督作用，是乳制品消费者了解北京市奶业发展状况的主要信息源。

无论是2008年的三聚氰胺奶粉事件还是日前出现的“倒奶杀牛”事件，都是由社会公众群体最先进行舆论报道。学术机构作为“智库”，汇聚了每个行业研究水平最高的专家学者，他们的一言一行代表着一个行业的权威，是深受市民信任和尊重的群体，其研究成果可以推动一个行业的进步，其言论可以影响消费者的购买意向，是社会公众的重要组成部分之一。社会公众通过监督乳制品加工企业的经营行为满足自身利益。乳制品加工企业也可以向社会公众传播其良好的企业形象，从而获取更多的利润。从社会公众角度出发，要客观真实地反映乳制品加工企业的生产经营情况，不可以胡编乱造、扰乱视听。要本着实事求是的原则，充分发挥消费者与乳制品加工企业之间的桥梁作用，积极为企业在社会上传播良好的企业形象。在客观调查的基础上，为消费者创造一个公平、透明的消费环境，引导消费者购买安全可靠的乳制品。二者的关系直接影响了乳制品消费者的购买偏好，而乳制品消费者恰恰是乳制品加工企业获得利润的源泉和奶业市场的基本构成要素。所以，社会公众与乳制品加工企业的和谐关系，是影响乳制品加工企业和北京市奶业实现可持续发展的重要因素。

5.2.8 其他利益相关者

作为北京市奶业可持续发展利益相关者图谱中的最外层，包括人们的后代和可能出现的新兴事物。人们的后代是这座城市未来发展的基石，各行各业都需要身体健康的人才，尤其建筑工程、体育等行业更加需要有活力的人才，而奶业是打造市民强壮体魄的基础。乳制品加工企业作为北京市奶业的核心利益相关者，担负着北京市未来市民健康成长的重任，其能否可持续发展将会对人们的后代产生深远的影响。

6 北京市奶业可持续发展水平评价

本章将运用多级模糊综合评价模型，对北京市奶业可持续发展水平进行科学的定量分析。最终通过直观的方式来反映近年来北京市奶业可持续发展的变化趋势，可为相关部门提供有效的政策建议。

6.1 北京市奶业可持续发展评价指标体系构建

6.1.1 指标体系构建原则

6.1.1.1 科学性原则

首先，课题研究要以科学思想为指导，以事实为依据。换言之，任何课题研究都应有实践基础，不能凭空想象，也不能存在虚构的理论，要研究事实，研究已经存在的事物。其次，指标内容的选择、体系的构建、权重的确定等要有科学的依据，所选取的指标要尽可能客观真实地反映出奶业可持续发展各项影响因素之间的关系，在对指标体系进行分析时，处理方法一定要科学。最后，数据的获得要以客观实际为依据。

6.1.1.2 系统性原则

指标体系的设计应当系统综合地反映北京市奶业总体发展状况和各个环节，即反映出系统发展的总体状态和各个子系统之间的联系，同时避免指标重叠，使整个系统联结成为一个有机整体。

6.1.1.3 区域性原则

奶业的发展存在区域差异，不同区域社会经济环境不同，发展的模式和侧重点也不同。在建立可持续发展指标体系时，要从实际出发，考虑区域的差异性，合理地对指标做出调整。

6.1.1.4 层次性原则

奶业可持续发展指标体系涉及的环节和因素较多，所以，在设计时必须层次明显，明确各层之间的所属关系，突出指标体系中各个因素的特点。

6.1.1.5 可操作性原则

指标体系中的指标要具有较强的可比性，指标内容应当简单易懂，指标的基础数据要具有易获性，还要考虑指标量化的难易程度，最后构建出的指标体系要具备可推广的作用。

6.1.1.6 静态动态相结合原则

在指标体系的构建过程中，要考虑到影响奶业可持续发展因素的当前状态和未来发展趋势，只有将现状和未来趋势结合到一起分析，才能做出科学合理的评价。

6.1.2 指标体系构建思路

北京市奶业可持续发展评价指标体系的构建体现了可持续发展理论、系统思想论、区域可持续发展理论、环境承载力理论、生态经济理论、都市型现代农业理论等相关理论及应当遵守的体系构建原则，并结合北京市奶业可持续发展的内涵及特点，将分散选取的指标进行科学构建，最终排列组合成完整的指标体系，真实全面地反映北京市奶业可持续发展水平。

北京市奶业可持续发展评价指标体系共分为3层：

目标层：以北京市奶业可持续发展为最终目标，用于衡量可持续发展的综合水平。

准则层：针对奶业发展的内在规律和奶业产业链各个环节发展的实际情况，以影响北京市奶业可持续发展的五大要素：奶牛养殖要素、生产加工要素、市场与消费要素、资源与环境要素、社会与文化要素为准则层。

指标层：每个准则层下设置若干指标，共 34 个指标。

6.1.3 可持续发展评价指标体系

经过对指标的层层筛选，最终建立北京市奶业可持续发展评价指标体系（表 6.1）。

表 6.1 北京市奶业可持续发展评价指标体系

目标层	准则层	指标层	指标内涵
北京市奶业可持续发展	X_1：奶牛养殖要素	X_{11}：原料奶产量（万吨/年）	奶牛养殖产出水平
		X_{12}：存栏量 100 头以上养殖场占养殖场总数百分比（%）	奶牛养殖规模化水平
		X_{13}：原料奶日测定平均体细胞数（千个/毫升）	奶牛养殖规范化水平
		X_{14}：大规模养殖场奶牛年平均物质与服务费用（元/头）	奶牛养殖成本
		X_{15}：大规模奶牛养殖成本利润率（%）	奶牛养殖盈利水平
		X_{16}：大规模养殖场奶牛年平均单产量（千克/头）	奶牛养殖生产效率
		X_{17}：奶牛口蹄疫抗体合格率（%）	奶牛养殖健康水平
		X_{18}：牛奶固形物数量（%）	原料奶品质
	X_2：生产加工要素	X_{21}：乳制品总产量（万吨/年）	乳制品加工总体水平
		X_{22}：亏损企业占企业总数百分比（%）	乳制品加工行业盈利环境
		X_{23}：奶业从业人数（人）	乳制品加工行业整体规模
		X_{24}：利润总额（亿元）	乳制品加工行业盈利水平
		X_{25}：资产总额（亿元）	乳制品加工行业资本水平
		X_{26}：负债总额（亿元）	乳制品加工行业负债水平

（续）

目标层	准则层	指标层	指标内涵
北京市奶业可持续发展	X_3：市场与消费要素	X_{31}：工业销售产值（亿元）	奶业市场销售水平
		X_{32}：乳制品进口量（吨）	对国外乳制品市场依赖程度
		X_{33}：生鲜乳收购价格（元/千克）	成本承受水平
		X_{34}：乳制品消费占食品消费支出的比重（%）	乳制品消费整体水平
		X_{35}：城市居民人均年乳制品消费支出（元/人）	城市居民乳制品消费水平
		X_{36}：农村居民人均年乳制品消费量（千克/人）	农村居民乳制品消费水平
		X_{37}：乳制品市场容量（亿元）	乳制品市场发展潜力
		X_{38}：乳制品产量占奶类产量比重（%）	乳制品加工规模化水平
		X_{39}：进口乳制品市场占有率（%）	奶业市场被国外冲击程度
	X_4：资源与环境要素	X_{41}：奶牛存栏量（万头）	奶牛养殖总规模
		X_{42}：乳制品企业个数（个）	乳制品加工行业总规模
		X_{43}：奶业用水量（亿立方米）	奶业水资源利用水平
		X_{44}：污水处理能力（万立方米/日）	区域整体污水处理能力
		X_{45}：粪便清运量（万吨）	区域整体粪便清运能力
		X_{46}：水资源总量（亿立方米）	区域水资源总体水平
	X_5：社会与文化要素	X_{51}：社会消费品零售总额（亿元）	社会消费整体水平
		X_{52}：人均可支配收入（元）	城乡居民收入水平
		X_{53}：地区生产总值（亿元）	社会生产整体水平
		X_{54}：奶农专业合作社数量（个）	基层奶业组织化程度
		X_{55}：企业家信心指数	企业对宏观环境的乐观程度

6.1.4 指标解释

6.1.4.1 奶牛养殖要素

作为奶业评价系统中的基础环节，奶牛养殖对奶业可持续发展具有重要的支撑作用。北京市奶业发展类型为都市型奶业，在选取指标时，要考虑到北京市奶牛养殖的具体情况。所以，本书坚持从实际出发的原则，选取了与北京市奶牛养殖密切相关的指标：①原料奶产量是衡量奶牛养殖产出水平的重要指标，可以直观地反映出奶牛产奶总体情况。②存栏量 100 头养殖场占养殖场总数百分比是衡量奶牛养殖规模化水平的重要指标。100 头奶牛是规模化养殖场的标准数量。③原料奶日测定平均体细胞数是衡量奶牛养殖规范化水平的指标。若此指标超标，说明养殖场在控制微生物细菌数量方面有所不足，从一个侧面也反映出了奶牛养殖场规范化水平不高的问题。④大规模养殖场奶牛年平均物质与服务费用是衡量奶牛养殖成本的重要指标。通过控制此项指标，能够降低奶牛养殖成本，从而使奶牛养殖环节向着可持续发展的方向发展，从根本上增强北京市奶业整体竞争力。⑤大规模奶牛养殖成本利润率是衡量奶牛养殖盈利水平的重要指标。⑥大规模养殖场奶牛年平均单产量是衡量奶牛养殖生产效率的重要指标。提高养殖生产效率是北京市奶业实现可持续发展最根本的途径。⑦奶牛口蹄疫抗体合格率是衡量奶牛养殖健康水平的重要指标。疫病是奶牛养殖业的天敌，北京市奶业在可持续发展的过程中一定不能忽视疫病防疫的重要性，提高防疫水平是北京市奶业实现可持续发展的重要保证。⑧牛奶固形物数量是指奶牛每个泌乳期能够生产的牛奶干物质的数量，包括乳脂肪、乳蛋白等营养物质，是衡量牛奶品质的重要指标。北京市并非资源型城市，所以在奶牛养殖环节要更加注重牛奶的品质，提高牛奶市场竞争力。

6.1.4.2 生产加工要素

乳制品加工企业是奶业产业链上不可或缺的环节，上接奶农，下连消费者，在奶业发展中处于主导地位，其生产加工质量在一定程度上决定了市场上乳制品的质量。考虑到北京市乳制品加工企业的发展现状，本书选取了以下指标来评价生产加工要素：①乳制品总产量是衡量乳制品加工总体水平的重要指标。②亏损企业占企业总数百分比是衡量乳制品加工行业宏观盈利环境的重要指标。③奶业从业人数反映了乳制品加工行业整体规模。④利润总额反映了乳制品加工行业整体盈利水平。⑤资产总额，是衡量乳制品加工行业资本水平的重要指标。⑥负债总额，是衡量乳制品加工企业负债情况的重要指标。

6.1.4.3 市场与消费要素

北京市是全国重要的乳制品消费市场，无论从乳制品市场销售额还是从居民人均乳制品消费量都远远超过全国平均水平，稳居全国前列。作为北京市乳制品可持续发展最重要的环节，本书选取以下指标来评价市场与消费要素：①工业销售产值是衡量奶业市场销售水平的重要指标。②乳制品进口量是反映对国外乳制品市场依赖程度的重要指标。③生鲜乳收购价格是衡量成本承受水平的重要指标。④乳制品消费占食品消费支出的比重是衡量乳制品消费整体水平的重要指标。⑤城市居民人均年乳制品消费支出是衡量城市居民乳制品消费水平的重要指标。⑥农村居民人均年乳制品消费量是衡量农村居民乳制品消费水平的重要指标。⑦乳制品市场容量是指在不考虑产品价格或供应商策略的前提下市场在一定时期内能够吸纳乳制品的数目，是衡量奶业在一区域市场内发展潜力的重要指标。只有预测出北京市奶业的市场容量，才能对奶业发展前景进行准确预测，最终实现北京市奶业可持续发展的最终目标。⑧乳制品产量占奶类产量比重是反映乳制品加工规模化水平的重要指标。⑨进口乳制品市场占有率指进口乳制品数量与本地区乳制品产量的比值，是反映奶业市场被国外冲击程度的重要指标。

6.1.4.4 资源与环境要素

①奶牛存栏量指一区域饲养奶牛的数量，是衡量奶牛养殖规模的重要指标。虽然北京市奶牛存栏规模在全国并不处于前列，但是奶牛存栏量依然是北京市奶业实现可持续发展的基础。②乳制品企业个数是反映乳制品加工行业总规模的重要指标。③奶业用水量是衡量奶业水资源利用整体水平的指标。通过研究此项指标的多年变化规律，可以总结出近年来北京市奶业的整体用水情况，对研究节水奶业有一定的积极作用。④污水处理能力是衡量某一区域污水处理能力的重要指标。提升某一区域的污水处理能力，有助于带动区域内奶牛养殖场更新排污技术，实现清洁生产。⑤粪便清运量是衡量区域内粪便清理能力的重要指标。众所周知，某一区域内出现的大量粪便主要是养殖业造成的。奶牛养殖环节会产生大量的粪便，若长时间堆积，并不利于自然环境的可持续发展。所以，提升区域内粪便清理能力，不仅可以缓解奶业基础环节与自然环境之间的矛盾，还可以将可回收的粪便进行二次加工，产生新的能源。⑥水资源总量是衡量一区域内水资源总体水平的重要指标。通过数据的变化，可以看出近年来区域内水资源的增减情况。对于协调分配各行业水资源用量起到了关键作用。

6.1.4.5 社会与文化要素

①社会消费品零售总额是体现区域内消费需求最直接的数据，乳制品消费需求总额也包含在其中，社会总体消费水平的提高，有利于乳制品消费市场和北京市奶业可持续发展。②人均可支配收入是衡量城乡居民收入水平的重要指标。③地区生产总值是衡量社会生产整体水平的重要指标。④奶农专业合作社数量是反映基层奶业组织化程度的重要指标。⑤企业家信心指数是通过调查企业家对于所在行业形势好坏的判断，以及企业家对于当前宏观经济环境乐观程度所得到的量化结果。通常其得分区间在

0～200 分，其中 100 分为分界线。100 分以上为乐观、积极，越接近 200 分说明整个行业的企业家越对本行业的未来充满希望；100 分以下为消极、悲观，越接近 0 分说明整个行业处于萎靡状态，大多数企业家对自己所从事行业的前景并不看好。

6.2 多级模糊综合评价模型建立

多级模糊综合评价法是一种基于模糊数学的综合评标方法。该综合评价法根据模糊数学的隶属度理论把定性评价转化为定量评价，即用模糊数学对受到多种因素制约的事物或对象做出一个总体的评价。它具有结果清晰、系统性强的特点，能较好地解决模糊的、难以量化的问题，适合各种非确定性问题的解决。

6.2.1 确定因素集 *E*

$X=(X_1, X_2, X_3, X_4, \cdots, X_n)$，各因素就是指标体系中的具体指标，它们代表了被评价对象的质量。

6.2.2 确定评语集 *B*

$B=(B_1, B_2, B_3, B_4, \cdots, B_n)$，评语集是被评价对象评价结果所构成的集和，本书用优、良、中、差 4 级来表示。

6.2.3 确定权重集 *W*

$W=(W_1, W_2, W_3, W_4, \cdots, W_n)$，权重集设定了不同因素，反映了在各系统中的重要程度。

6.2.4 确定隶属度

确立因素集中各因素对评价集的隶属关系，确定隶属度，建立隶属度函数，得出模糊评价向量 R。$R_{mn}=\{r_{m1}, r_{m2}, \cdots, r_{mn}\}$，单因素模糊评价矩阵表示为：

$$R=\begin{bmatrix} r_{11} & r_{12} & \cdots & r_{1n} \\ r_{21} & r_{22} & \cdots & r_{2n} \\ \cdots & \cdots & \cdots & \cdots \\ r_{m1} & r_{m2} & \cdots & r_{mn} \end{bmatrix}$$

6.2.5 模糊综合评价

用权重集与单因素模糊评价矩阵做模糊运算，得到评价结果：

$$C=W\cdot R=[W_1,W_2,\cdots,W_n]\cdot\begin{bmatrix} r_{11} & r_{12} & \cdots & r_{1n} \\ r_{21} & r_{22} & \cdots & r_{2n} \\ \cdots & \cdots & \cdots & \cdots \\ r_{m1} & r_{m2} & \cdots & r_{mn} \end{bmatrix}$$

$$=[C_1,C_2,\cdots,C_n]$$

最后，将各因素的 C 值（指标得分）相加，得出每一个子系统 C 值（子系统得分）。利用同样的方法，得出整个系统的得分。值得注意的是，在多级模糊综合评价模型中，$E=\{X_1, X_2, X_3, X_4, \cdots, X_n\}$，$E'=\{X_{11}, \cdots, X_{1_{m1}}, X_{21}, \cdots, X_{2_{m2}}, \cdots, X_{p1}, \cdots, X_{p_{mp}}\}$，把 E 称为第二因素集，其中的任何一个元素X_i，为E'的子集。

6.3 数据来源

本书数据来自历年《中国奶业年鉴》《北京统计年鉴》和相关测算。

6.4 因素集和评语集确定

根据多级模糊综合评价模型的原理，设北京市奶业可持续发展评价的目标层为因素集 X，其包含 5 个子系统因素，表示为 $X=\{X_1, X_2, X_3, X_4, X_5\}=$ {奶牛养殖要素，生产加工要素，市场与消费要素，资源与环境要素，社会与文化要素}。5 个子系统又可以作为独立的因素集，表示为 $X_1=\{X_{11}, X_{12}, X_{13}, X_{14}, X_{15}, X_{16}, X_{17}, X_{18}\}=$ {原料奶产量，存栏量 100 头养殖场占养殖场总数百分比，原料奶日测定平均体细胞数，大规模养殖场奶牛年平均物质与服务费用，大规模奶牛养殖成本利润率，大规模养殖场奶牛年平均单产量，奶牛口蹄疫合格率，牛奶固形物数量}，$X_2=\{X_{21}, X_{22}, X_{23}, X_{24}, X_{25}, X_{26}\}=$ {乳制品总产量，亏损企业占企业总数百分比，奶业从业人数，利润总额，资产总额，负债总额}，$X_3=\{X_{31}, X_{32}, X_{33}, X_{34}, X_{35}, X_{36}, X_{37}, X_{38}, X_{39}\}=$ {工业销售产值，乳制品进口量，生鲜乳收购价格，乳制品消费占食品消费支出的比重，城市居民人均年乳制品消费支出，农村居民人均年乳制品消费量，乳制品市场容量，乳制品产量占奶类产量比重，进口乳制品市场占有率}，$X_4=\{X_{41}, X_{42}, X_{43}, X_{44}, X_{45}, X_{46}\}=$ {奶牛存栏量，乳制品企业个数，奶业用水量，污水处理能力，粪便清运量，水资源总量}，$X_5=\{X_{51}, X_{52}, X_{53}, X_{54}, X_{55}\}=$ {社会消费品零售总额，人均可支配收入，地区生产总值，奶农专业合作社数量，企业家信心指数}。

设定评价集 B，任意 $B_i \in B$ 是实域的一个模糊子集，考虑到指标数据的特殊性和复杂度，在本书中，将每个指标的评语设定为：优、良、中、差 4 等，表示为 $B=\{B_1, B_2, B_3, B_4\}=$ {优、良、中、差}，对每一个指标 R 建立相应的隶度函数，且 $R_{Bi} \rightarrow [0, 1]$。

6.5 构造隶度函数

将北京市奶业可持续发展评价指标体系中的所有定量指标分

为正、逆指标两类，这样能够保证模型结果的客观性。

设 a_i 为指标 x_i 的最小值，l_i 为指标 x_i 的最大值，将指标 X_i 的中间部分设定为 P_1 和 P_2 两部分，并得到 P_1 、P_2 的平均值，表示为 $\overline{P}_1$ 、$\overline{P}_2$ ，设指标实际观测值为 t_i 。

设 $x_{1i}=a_i$ ，$x_{2i}=P_1$ ，$x_{3i}=\overline{P}_2$ ，$x_{4i}=l_i$ ，以 a_i 和 l_i 作为隶度函数的下限边界和上限边界，大于等于 l_i 的指标样本评价为优，小于等于 a_i 的指标样本评价为差，中间两个平均值点作为良和中的边界点。由于中间两个平均值点可以充分表示级别的特性，不是很模糊，所以隶属度设定为 1；下限边界和上限边界概念比较模糊，所以隶属度设定为 0.5。由此，可以构建正指标的 5 等级隶度函数如下：

$$B_{4i}(t)=\begin{cases}0.5, & t\leqslant x_{1i}\\(t-x_{2i})/(x_{1i}-x_{2i}), t\in[x_{1i},x_{2i}]\\0, & \text{其他}\end{cases}$$

$$B_{3i}(t)=\begin{cases}(t-x_{1i})/(x_{2i}-x_{1i}), t\in[x_{1i},x_{2i}]\\(t-x_{3i})/(x_{2i}-x_{3i}), t\in[x_{2i},x_{3i}]\\0, & \text{其他}\end{cases}$$

$$B_{2i}(t)=\begin{cases}(t-x_{2i})/(x_{3i}-x_{2i}), t\in[x_{2i},x_{3i}]\\(t-x_{4i})/(x_{3i}-x_{4i}), t\in[x_{3i},x_{4i}]\\0, & \text{其他}\end{cases}$$

$$B_{1i}(t)=\begin{cases}0.5, & t\geqslant x_{4i}\\(t-x_{3i})/(x_{4i}-x_{3i}), u\in[x_{3i},x_{4i}]\\0, & \text{其他}\end{cases}$$

逆指标的计算原理相同，方向相反。

6.6 确定指标权重

本书选取变异系数法来计算北京市奶业可持续发展各指标权

重，计算结果如下：

$W_1=$（0.032 3，0.243 7，0.091 3，0.224 5，0.150 8，0.126 9，0.005 2，0.010 8）

$W_2=$（0.090 9，0.049 1，0.319 2，0.931 4，0.177 3，0.188 7）

$W_3=$（0.460 9，0.625 4，0.161 2，0.213 9，0.308 4，0.572 7，0.383 9，0.115 6，0.463 6）

$W_4=$（0.057 0，0.337 5，0.120 4，0.063 7，0.040 7，0.246 3）

$W_5=$（0.217 2，0.188 6，0.216 5，0.686，0.089 7）

6.7 北京市奶业可持续发展模糊综合评价

根据上文计算结果，得出各子系统（奶牛养殖要素，生产加工要素，市场与消费要素，资源与环境要素，社会与文化要素）的模糊综合评价结果，各子系统中的指标评价值具体表示为 $M_i=R_i \cdot W_i$（$i=1$，2，3，4，5），对本书评语集 $B=$｛优、良、中、差｝中各元素分别赋值为 90、80、70、50，各子系统得分见表 6.2。

表 6.2 各子系统模糊综合评价得分

年份	奶牛养殖要素得分	生产加工要素得分	市场与消费要素得分	资源与环境要素得分	社会与文化要素得分
2008	16.189 9	48.850 1	31.429 8	11.597 0	61.293 0
2009	10.363 3	40.537 9	46.491 5	27.786 9	35.363 1
2010	28.504 0	68.461 0	35.713 6	18.904 5	137.076 5
2011	19.713 3	64.163 2	25.124 3	30.330 4	97.962 3
2012	12.982 1	37.080 8	46.195 3	11.993 4	149.966 1
2013	25.201 5	44.741 0	36.237 2	22.276 6	101.258 2

根据多级模糊综合评价模型原理，可以计算出北京市奶业可持续发展水平总得分，具体见图 6.1。

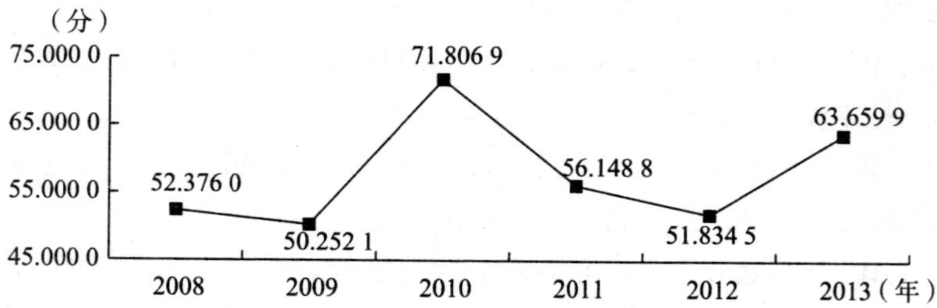

图 6.1　2008—2013 年北京市奶业可持续发展水平总得分

6.8　结果分析

本书运用多级模糊综合评价法对北京市奶业可持续发展水平进行了科学评价，这里就分析结果进行客观分析。

6.8.1　奶牛养殖环节

从指标样本数据可以分析出，制约北京市奶业在奶牛养殖环节可持续发展的主要因素分别为原料奶产量和大规模养殖场奶牛年平均单产量。数据显示，2008—2013 年北京市奶业原料奶产量从 132.92 吨下降到 122.92 吨，总体呈下降趋势。大规模养殖场奶牛年平均物质与服务费用和养殖成本利润率波动幅度较大，下降和增长趋势并不明显。大规模养殖场奶牛年平均单产量不断下降，从 2008 年的 9 662 千克/头，下降到 2013 年的 7 633.34 千克/头。这些指标值的波动，导致了北京市奶业在奶牛养殖环节的可持续发展处于较低水平。

6.8.2　生产加工环节

从指标样本数据可以明显看出，北京市奶业乳制品加工环节利润总额波动幅度较大，从 2008 年的 0.07 亿元快速增长到 2010 年的 1.35 亿元，之后 3 年又快速下降至 0.44 亿元，呈明显的倒“V”形发展。负债总额呈逐步上升趋势，由 2008 年的 29.48 亿元增长到 2013 年的 47.86 亿元。这两项指标直接影响了北京市奶业在乳制品加工环节可持续发展的综合得分。

6.8.3 市场与消费环节

近年来，随着北京市社会和经济的快速发展，人民生活水平的不断提高，奶业市场容量不断扩大。但在一片繁荣的背后，却隐藏着一些隐患。经测算，北京市乳制品进口量从 2008 年的 26 221.75吨增长到了 2013 年的 145 621.23 吨，增长幅度十分迅速，其中占比较大的是奶粉进口量。进口乳制品市场占有率从 2008 年的 9.08%上升至了 2013 年的 35.14%，其中奶粉市场几乎被国外品牌控制。

6.8.4 资源与环境环节

近年来，随着社会和经济的快速发展，北京市社会与环境矛盾日益凸显。从指标样本数据可以看出，在资源与环境环节，北京市奶牛存栏量从 2008 年的 16.9 万头下降到 2013 年的 14.4 万头，水资源总量也由 34.2 亿立方米降至 24.8 亿立方米。从长远的角度考虑，这两项指标值的不断下降，将对北京市奶业可持续发展带来不利影响。

7 基于 DEMATEL 模型的北京市奶业可持续发展影响因素分析

DEMATEL 方法，又称决策试验和评价实验法（decision making trial and evaluation laboratory），是一种运用图论和矩阵对复杂系统进行要素分析的方法，通过分析系统中各要素之间的逻辑关系和直接影响关系，可以对各影响要素的重要程度进行分析。

7.1 DEMATEL 模型构建步骤

7.1.1 数据来源

本书数据来自历年《中国奶业年鉴》、历年《北京统计年鉴》和自我估算。

7.1.2 构建相互系数影响矩阵

因专家打分主观性较强，本书决定通过 SPSS 19.0 软件，沿用表 6.1 的 34 个指标，构建相互系数影响矩阵。

7.1.3 构建直接影响矩阵

对相互系数影响矩阵中的每一行求平均数，每行大于平均数的赋值为 1（有直接影响），小于平均数的赋值为 0（无直接影响），构建直接影响矩阵。设 n 阶矩阵 $M=(y_{ij})\ n\times n$ 作为直接影响矩阵，其中 y_{ij} 表示 i 指标对 j 指标的影响程度，称为相互影响系数。

7.1.4 直接影响矩阵标准化

对构建的直接影响矩阵进行标准化处理，得到矩阵 K。

7.1.5 综合影响矩阵

$T=K+K^2+K^3+K^4+\cdots+K^n=K\ (I-K)^{-1}$，其中，$I$ 代表单位矩阵。

7.1.6 分析综合矩阵结果及绘制中心、原因度散点图

在综合影响矩阵 T 中，R 为行和，代表某指标影响其他指标的程度；D 为列和，代表某指标被影响的程度；$R+D$ 代表某指标在系统中的重要程度；$R-D$ 代表某指标影响或被影响的程度。若 $R+D$ 为正，证明其对其他指标的影响较大，又称原因指标；若 $R-D$ 为负，则证明其受其他指标影响较大，又称结果指标。$R+D$、$R-D$ 分别被称为中心度和原因度。

最终运用 SPSS 19.0 软件，绘制中心度与原因度的散点图，分析各指标在系统中的重要程度以及改善的急迫性和重要性。

7.2 DEMATEL 模型应用

根据表 6.1 所建立的北京市奶业可持续发展评价指标体系以及相关数据，构建相互系数影响矩阵，每行取平均数，大于平均数的赋值为 1（有直接影响），小于平均数的赋值为 0（无直接影响），建立直接影响矩阵 M。在利用 MATLAB 软件对 M 矩阵进行标准化后得到矩阵 K 和综合影响矩阵 T，输入结果如下：

$a=a/\max\ (\text{sum}\ (a'))$

$b=a*\text{inv}\ (\text{eye}\ (34)\ -a)$

输出结果为综合影响矩阵 T。

根据综合影响矩阵 T 得出影响北京市奶业可持续发展的各项指标影响度 R、被影响度 D、中心度 $R+D$、原因度 $R-D$，见表 7.1。

表 7.1　综合矩阵分析结果

指　　标	影响度（R）	被影响度（D）	中心度（$R+D$）	原因度（$R-D$）
X_{11}：原料奶产量（万吨/年）	10.297 65	12.116 25	22.413 94	−1.818 6
X_{12}：存栏量 100 头养殖场占养殖场总数百分比（%）	9.916 505	12.467 13	22.383 64	−2.550 63
X_{13}：原料奶日测定平均体细胞数（千个/毫升）	6.405 957	2.182 338	8.588 295	4.423 619
X_{14}：大规模养殖场奶牛年平均物质与服务费用（千克/头）	5.886 288	2.825 266	8.711 554	2.861 022
X_{15}：大规模奶牛养殖成本利润率（%）	4.464 171	1.101 738	5.565 909	3.362 433
X_{16}：大规模养殖场奶牛年平均单产量（千克/头）	4.340 863	0.585 897	4.926 765	3.754 966
X_{17}：奶牛口蹄疫合格率（%）	6.205 957	2.182 336	8.388 293	4.423 619
X_{18}：牛奶固形物数量（%）	7.782 093	7.198 473	14.980 57	0.583 62
X_{21}：乳制品总产量（万吨/年）	9.653 961	11.304 39	20.958 35	−1.650 43
X_{22}：亏损企业占企业总数百分比（%）	7.739 103	1.380 372	9.119 475	6.358 731
X_{23}：奶业从业人数（人）	9.851 938	12.017 8	21.869 74	−2.165 86
X_{24}：利润总额（亿元）	5.879 374	0.938 492	6.817 866	4.940 882
X_{25}：资产总额（亿元）	9.179 068	10.516 37	19.695 44	−1.337 3
X_{26}：负债总额（亿元）	9.916 495	12.088 79	22.005 29	−2.172 3
X_{31}：工业销售产值（亿元）	10.104 96	12.362 94	22.467 95	−2.257 98
X_{32}：乳制品进口量（吨）	10.250 51	12.616 98	22.867 49	−2.366 47

（续）

指　　标	影响度（R）	被影响度（D）	中心度（$R+D$）	原因度（$R-D$）
X_{33}：生鲜乳收购价格（元/千克）	10.297 65	12.036 71	22.334 36	−1.739 06
X_{34}：乳制品消费占食品消费支出的比重（%）	8.147 486	6.494 395	14.641 88	1.653 091
X_{35}：城市居民人均年乳制品消费支出（元/人）	10.104 95	11.883 1	21.988 05	−1.778 15
X_{36}：农村居民人均年乳制品消费量（千克/人）	10.250 5	12.540 61	22.791 11	−2.290 11
X_{37}：乳制品市场容量（亿元）	10.463 71	12.275 4	22.739 11	−1.811 69
X_{38}：乳制品产量占奶类产量比重（%）	9.916 495	12.135 27	22.051 77	−2.218 78
X_{39}：进口乳制品市场占有率（%）	9.931 701	12.536 26	22.467 96	−2.604 56
X_{41}：奶牛存栏量（万头）	9.455 329	11.458 87	20.914 24	−2.003 54
X_{42}：乳制品企业个数（个）	10.067 54	12.319 83	22.387 37	−2.252 29
X_{43}：奶业用水量（亿立方米）	3.892 306	0.585 896	4.478 202	3.306 41
X_{44}：污水处理能力（万立方米/日）	9.916 495	12.220 95	22.137 45	−2.304 46
X_{45}：粪便清运量（万吨）	6.650 968	4.783 564	11.434 53	1.867 404
X_{46}：水资源总量（亿立方米）	3.903 118	0.672 32	4.575 438	3.230 798
X_{51}：社会消费品零售总额（亿元）	10.144 15	11.822 02	21.966 17	−1.677 87
X_{52}：人均可支配收入（元）	9.916 495	12.642 01	22.558 51	−2.725 52
X_{53}：地区生产总值（亿元）	9.914 95	12.428 3	22.457 78	−2.627 88
X_{54}：奶农专业合作社数量（个）	9.661 46	11.282 3	20.944 29	−1.621 37
X_{55}：企业家信心指数	4.117 09	0.909 65	5.027 044	3.207 114

7.3 结果分析

从 $R+D$（中心度）来看，在北京市奶业可持续发展评价指标体系中，最重要的 5 个影响指标是：X_{32}乳制品进口量、X_{36}农村居民人均年乳制品消费量、X_{37}乳制品市场容量、X_{52}人均可支配收入、X_{39}进口乳制品市场占有率。

从 $R-D$（原因度）看，分为两种情况：当 $R-D$（原因度）为负时，$R+D$（中心度）值越大，说明该指标是急需解决的核心问题；当 $R-D$（原因度）为正时，$R+D$（中心度）值越大，说明该指标是解决核心问题的驱动指标。

从第一种情况看，$R-D$（原因度）为负，$R+D$（中心度）值最大的指标为 X_{32}乳制品进口量。

从第二种情况看，$R-D$（原因度）为正，$R+D$（中心度）值最大的前 5 个指标分别为牛奶固形物数量、乳制品消费占食品消费支出的比重、粪便清运量、亏损企业占企业总数百分比、大规模养殖场奶牛年平均物质与服务费用。

8 北京市奶业可持续发展能力分析

8.1 北京市奶业可持续发展能力评价指标体系构建

8.1.1 指标体系构建原则及思路

本书在结合北京市奶业实际发展情况的基础上，遵循科学性、系统性、区域性、层次性、可操作性与静态动态相结合原则，运用可持续发展理论、系统思想论、区域可持续发展理论等相关理论，将分散选取的指标进行科学构建，把北京市奶业可持续发展能力评价指标体系细分为目标层（北京市奶业可持续发展能力）、准则层（基础环节可持续发展能力、市场环节可持续发展能力、社会与自然可持续发展能力）、指标层（共18个）。

8.1.2 可持续发展能力评价指标体系

经过对指标的严格筛选，最终建立了北京市奶业可持续发展能力评价指标体系（表8.1）。

表8.1 北京市奶业可持续发展能力评价指标体系

目标层	准则层	指标层	指标内涵
北京市奶业可持续发展能力	X_1：基础环节可持续发展能力	X_{11}：奶类总产量（吨）	奶牛养殖产出水平
		X_{12}：奶牛存栏量（万头）	奶牛养殖总规模
		X_{13}：乳制品总产量（万吨）	乳制品加工整体水平
		X_{14}：大规模奶牛养殖总成本（元/头）	奶牛养殖成本总体水平

（续）

<table>
<tr><th>目标层</th><th>准则层</th><th>指标层</th><th>指标内涵</th></tr>
<tr><td rowspan="14">北京市奶业可持续发展能力</td><td rowspan="3">X_1：基础环节可持续发展能力</td><td>X_{15}：大规模奶牛养殖总成本利润率（%）</td><td>奶牛养殖盈利水平</td></tr>
<tr><td>X_{16}：每核算单位用工数量（日）</td><td>奶牛养殖人工成本水平</td></tr>
<tr><td>X_{17}：日测定平均产奶量（千克）</td><td>奶牛养殖生产效率</td></tr>
<tr><td rowspan="6">X_2：市场环节可持续发展能力</td><td>X_{21}：乳制品加工行业产品销售收入（亿元）</td><td>乳制品加工行业销售水平</td></tr>
<tr><td>X_{22}：乳制品加工行业利润总额（%）</td><td>乳制品加工行业盈利水平</td></tr>
<tr><td>X_{23}：城镇居民人均年乳制品消费支出（元）</td><td>城镇居民乳制品消费水平</td></tr>
<tr><td>X_{24}：城镇居民人均可支配收入（元）</td><td>城镇居民收入水平</td></tr>
<tr><td>X_{25}：乳制品进口量（吨）</td><td>对国外乳制品市场依赖程度</td></tr>
<tr><td>X_{26}：进口乳制品市场占有率（%）</td><td>奶业市场被国外冲击程度</td></tr>
<tr><td rowspan="5">X_3：社会与自然可持续发展能力</td><td>X_{31}：地区生产总值（亿元）</td><td>社会生产整体水平</td></tr>
<tr><td>X_{32}：社会消费品零售总额（亿元）</td><td>社会消费整体水平</td></tr>
<tr><td>X_{33}：年末人口数量（万人）</td><td>人口资源整体水平</td></tr>
<tr><td>X_{34}：节水灌溉面积（千公顷）</td><td>区域节水能力整体水平</td></tr>
<tr><td>X_{35}：奶业用水量（亿立方米）</td><td>奶业消耗水资源整体水平</td></tr>
</table>

8.1.3 指标解释

8.1.3.1 基础环节

①奶类总产量是衡量奶牛养殖产出水平的重要指标，代表了奶业基础环节的原料奶生产能力，奶类总产量高也在一定程度上

反映了市场需求旺盛。②奶牛存栏量是衡量奶牛养殖总规模的重要指标，奶牛是奶业中最基础的资源，充足的奶牛数量是奶牛基础环节发展的先决条件。③乳制品总量是衡量奶业基础环节加工能力的重要指标，牛奶加工的好坏直接影响了下游消费者人群的生活质量，良好的加工能力是奶业可持续发展的重要保障之一。④大规模奶牛养殖总成本代表了奶牛养殖成本总体情况，直接关系到奶农生产经营的利润问题，只有不断降低奶牛养殖成本，奶业产业链在市场中的基础竞争力才会加强。⑤大规模奶牛养殖总体成本利润率是衡量奶牛养殖盈利水平的重要指标，没有利润，经营行为就无法持续进行，可持续发展也无从谈起。⑥每核算单位用工数量代表奶牛养殖人工成本水平。相比于总成本，人工成本更加的具体，也更加的具有可塑性和提高的空间，在饲料成本居高不下的情况下，只有降低人工成本，才能使农场保持稳定的盈利状态。⑦日测定平均产奶量是衡量奶牛养殖生产效率的重要指标。提高生产效率，不仅可以提高单位成本的盈利能力，还可以有效地配置资源，减少没有必要的浪费和损失。

8.1.3.2 市场环节

①乳制品加工行业产品销售收入是衡量乳制品加工企业销售能力的重要指标。任何一种产品，只有最终销售出去才能获得利润，超高的销售额一方面说明市场对该产品的需求很强，另一方面也说明该产品的质量得到了广大消费者的认可。所以，销售收入不仅体现了企业营销的能力，还体现了一个企业受认可的程度。②乳制品加工行业利润总额是衡量整个乳制品加工行业盈利能力的重要指标。良好的利润收入不仅可以使企业获得长久的发展机会，还可以使政府获得稳定的税收，对于促进社会和谐稳定发展具有良好的推进作用。③城镇居民人均年乳制品消费支出是衡量城镇居民乳制品消费水平的重要指标。城镇居民是一个城市的基础构成部分，是奶业最重要的消费群体，其消费乳制品支出

的水平很大程度上决定了乳制品加工行业以及奶农的命运。所以，庞大的乳制品消费群体是北京市奶业能否实现可持续发展的关键。④城镇居民人均可支配收入是衡量城镇居民收入水平的重要指标之一。收入决定支出，乳制品并不属于价格非常低廉的食品，许多发展中国家消费乳制品支出远远低于发达国家的重要原因之一就是人均收入水平过低。⑤乳制品进口量是衡量对国外乳制品市场依赖程度的重要指标之一。少量进口国外乳制品在一定程度上可以丰富国内市场的产品种类，为城镇居民提供更多的优质选择。但大量进口乳制品并不利于本土乳制品加工企业的发展，也不利于奶业的可持续发展。⑥进口乳制品市场占有率是衡量奶业市场被国外冲击程度的重要指标之一。在市场经济体制下，进口乳制品市场对国内市场的轻度冲击有利于刺激国内企业创新和竞争，但超高的进口乳制品市场占有率会使本土行业丧失竞争能力，从而阻碍整个行业的可持续健康发展。

8.1.3.3 社会与自然环节

①地区生产总值是衡量区域内社会生产整体水平的重要指标之一。强大的社会生产力有助于提升奶业整体生产水平，更有助于提高乳制品加工环节的盈利能力。②社会消费品零售总额体现了社会消费整体水平。消费水平的提高有助于刺激乳制品加工企业生产更多高质量的乳制品，是北京市奶业实现可持续发展的重要保障。③年末人口数量是衡量区域内人口规模的重要指标之一。人口是社会发展的基本前提，是社会生产力的来源和动力。人口规模庞大的城市往往生产能力和消费能力更强，这也有助于促进奶业市场的可持续发展。④节水灌溉面积是衡量某区域节水能力的重要指标之一。在奶业产业链中，饲料加工业扮演着十分重要的角色。在发展节水农业的时代大背景下，如何利用有限的水资源生产出高质量的饲料，将对北京市奶业基础环节产生十分重要的影响。⑤农业用水量是衡量区

域内水资源消耗状况的重要指标之一。准确掌握农业整体耗水量情况，有助于合理为奶业分配水资源，从而促进北京市奶业实现可持续发展。

8.1.4 数据来源

本书在北京市奶业可持续发展能力评价中，对我国 24 个重要奶业省、自治区、直辖市进行对比分析，其中包含了发达与不发达的地区，有效反映了北京市奶业基础、市场、社会与自然环节可持续发展能力在全国的位置。其中，北京市奶业基础环节、市场环节可持续发展能力数据来自《2013 年中国奶业年鉴》，社会与自然可持续发展能力数据来源于《2013 年中国统计年鉴》《2013 年中国环境资源年鉴》。本书运用 SPSS 19.0 软件对所有数据进行标准化处理，并进行因子分析和聚类分析。

8.2 北京市奶业可持续发展能力评价

8.2.1 主成分分析

表 8.1 中的 18 个指标从不同角度反映了北京市奶业可持续发展能力水平。利用主成分分析法可以将每个环节的多个指标转化为少数有代表性的综合因子，以较少的变量来获得较多的信息，进而分析出北京市奶业各个环节的可持续发展能力。

8.2.1.1 因子分析适用性检验

本书采用 KMO 检验和 Bartlett 球形度检验来确定变量是否适合因子分析。将标准化后的数据导入 SPSS 19.0 软件，经计算得到的 KMO 值均大于 0.6，*P* 值均小于 0.05，表明本书所选变量适合进行因子分析，具体见表 8.2。

表 8.2 北京市奶业各环节可持续发展能力 KMO 检验和 Bartlett 球形度检验

项　　目	KMO 值	Bartlett 球形度检验		
		近似卡方	df	Sig.
基础环节可持续发展能力	0.621	83.358	21	0.000
市场环节可持续发展能力	0.667	125.035	15	0.000
社会与自然可持续发展能力	0.669	121.015	10	0.000

数据来源：SPSS 19.0 软件输出结果。

8.2.1.2 主成分因子提取

本书分别对北京市奶业基础环节可持续发展能力、市场环节可持续发展能力、社会与自然可持续发展能力指标的因子变量进行主成分分析，并采用最大方差法对主成分载荷矩阵进行正交旋转。利用旋转后的结果提取累计方差贡献率大于 80%的主成分因子，用来提取指标的大部分信息。由此方法得出的结果显示，北京市奶业基础环节可持续发展能力提取了 3 个主成分因子，市场环节可持续发展能力提取了 2 个主成分因子，社会与资源可持续发展能力提取了 2 个主成分因子（表 8.3）。

表 8.3 主成分因子方差贡献率

主成分因子		方差贡献率（%）	累计方差贡献率（%）
基础环节可持续发展能力主成分因子	w_1	39.269	80.632
	w_2	24.110	
	w_3	17.252	
市场环节可持续发展能力主成分因子	y_1	55.100	87.512
	y_2	32.412	
社会与资源可持续发展能力主成分因子	z_1	58.047	88.948
	z_2	30.900	

数据来源：SPSS 19.0 软件输出结果。

8.2.1.3 主成分命名

从表 8.4 可以看出，在北京市奶业基础环节可持续发展能力旋转成分矩阵中，X_{11}、X_{12}、X_{13}在第一个主成分上有较高的载荷，主要反映北京市奶业基础环节生产规模状况，可将第一个主成分命名为北京市奶业奶牛养殖能力。X_{14}、X_{15}在第二个主成分上有较高的载荷，主要反映北京市奶业基础环节成本收益状况，可将第二个主成分命名为北京市奶业基础环节盈利能力。X_{16}、X_{17}在第三个主成分上有较高的载荷，主要反映了北京市奶业基础环节生产效率，可将第三个主成分命名为北京市奶业基础环节效率能力。

表 8.4 北京市奶业基础环节可持续发展能力旋转矩阵

指　　标	成　　分		
	1	2	3
奶类总产量（吨）	0.971		
奶牛存栏量（万头）	0.949		
乳制品总产量（万吨）	0.915		
大规模奶牛养殖总成本利润率（%）		−0.910	
大规模奶牛养殖总成本（元/头）		0.875	
每核算单位用工数量（日）			0.798
日测定平均产奶量（千克）			−0.724

数据来源：SPSS 19.0 软件输出结果。

从表 8.5 可以看出，在北京市奶业市场可持续发展能力旋转成分矩阵中，X_{21}、X_{22}在第一个主成分上有较高载荷，主要反映北京市奶业市场环节乳制品加工企业盈利能力，可将第一个主成分命名为北京市奶业市场环节盈利能力。X_{23}、X_{24}、X_{25}、X_{26}在第二个主成分上有较高载荷，主要反映北京市奶业市场环节消费情况与对外依赖程度，可将第二个主成分命名为北京市奶业市场环节发展潜力。

表 8.5 北京市奶业市场环节可持续发展能力旋转矩阵

指标	成分	
	1	2
乳制品加工行业产品销售收入（亿元）	0.985	
乳制品加工行业利润总额（亿元）	0.930	
进口乳制品市场占有率（%）		0.957
城镇居民人均可支配收入（元）		0.930
乳制品进口量（吨）		0.883
城镇居民人均年乳制品消费支出（元）		0.861

数据来源：SPSS 19.0 软件输出结果。

从表 8.6 可以看出，在北京市奶业社会与自然可持续发展能力旋转成分矩阵中，X_{31}、X_{32}、X_{33} 在第一个主成分上有较高载荷，主要反映北京市社会与自然环节中社会发展状况，可将第一个主成分命名为北京市奶业社会支持能力。X_{34}、X_{35} 在第二个主成分上有较高载荷，主要反映北京市奶业社会与自然环节中水资源消耗与节约状况，可将第二个主成分命名为北京市奶业水资源支持能力。

表 8.6 北京市奶业社会与自然环节可持续发展能力旋转矩阵

指标	成分	
	1	2
地区生产总值（亿元）	0.951	
社会消费品零售总额（亿元）	0.940	
年末人口数量（万人）	0.916	
节水灌溉面积（千公顷）		0.850
奶业用水量（亿立方米）		0.816

数据来源：SPSS 19.0 软件输出结果。

8.2.1.4 计算可持续发展能力得分

主成分提取完毕后，需要运用 SPSS 19.0 软件计算每个主成分因子的得分，并以各个主成分因子的贡献率为权数进行线性加权求和，分别计算北京市奶业基础环节可持续发展能力 $F(X_1)$、北京市奶业市场环节可持续发展能力 $F(X_2)$、北京市奶业社会与自然环节可持续发展能力 $F(X_3)$，具体公式如下：

北京市奶业基础环节可持续发展能力：

$$F(X_1)=(w_1\,0.392\,69+w_2\,0.241\,10+w_3\,0.172\,52)/0.806\,32$$

北京市奶业市场环节可持续发展能力：

$$F(X_2)=(y_1\,0.551\,00+y_2\,0.324\,12)/0.875\,12$$

北京市奶业社会与环境可持续发展能力：

$$F(X_3)=(z_1\,0.580\,47+z_2\,0.309\,00)/0.889\,48$$

8.2.1.5 综合得分及排名

在奶业基础环节可持续发展能力得分排名中，北京市位于第五位，排名前三的省份分别为内蒙古、山东、河北，全国传统四大黄金奶源带有两块位于内蒙古和河北，这两个省份无论从奶牛饲养数量和效率，都领先全国平均水平，可持续发展能力也比较突出。近年来，由于山东奶业发展势头迅猛，济南奶源带也加入了“黄金奶源带”的行列，成为了我国新时期六大黄金奶源带之一，虽然饲养数量还不如传统的四大黄金奶源带，但迅速提升的饲养效率和成本收益率弥补了这一微弱的劣势，使山东省进入了奶业基础环节可持续发展能力前三甲的行列。北京市奶业虽然在生产总量上与前三名的省份差距明显，但可持续发展能力主要侧重的是盈利能力和效率能力，北京市奶业凭借其他省市无法比拟的科研优势，不断降低养殖成本，提高养殖效率，在整体排名中获得了比较靠前的位置。

在奶业市场环节可持续发展能力排名中，北京市位于第三位，前两名分别是上海与天津。从城市级别上看，这 3 个城市都属于我国直辖市和世界特大城市。从奶业发展类型上看，都属于都市型奶业。上海市是我国经济最发达的城市，无论从乳制品加工企业实力和奶业市场发展潜力看，优势非常明显。北京市近年来乳制品加工环节垄断程度不断增强，利润水平不断降低，使市场消费能力排名全国第二的北京市奶业在市场可持续发展能力环节落在了天津市后面。

在社会与自然环节可持续发展能力排名中，北京市位于第20位，前三名分别是广东省、江苏省、山东省。排名前三的这3个省份，全部位于我国东部沿海地区，经济发达，且地形平缓，水资源丰富，无论从社会还是自然环节，都为奶业提供了良好的发展环境。反观北京市，全市山区面积约占60%，水资源紧缺，激增人口使得与自然环境的矛盾不断激化。所以，社会与自然环节可持续发展能力比较中，北京市奶业处于绝对劣势，具体见表8.7。

表8.7 全国24个省份奶业各环节可持续发展能力得分及排名

省份	$F(X_1)$ 得分	排名	$F(X_2)$ 得分	排名	$F(X_3)$ 得分	排名
北京	0.467 211 204	5	0.860 872 641	3	−0.592 993 346	20
天津	−0.161 662 935	15	0.950 589 199	2	−0.863 636 257	23
河北	0.676 453 54	3	−0.065 126 547	11	0.590 726 98	5
山西	−0.568 411 144	20	−0.651 765 362	20	−0.561 900 882	19
内蒙古	1.565 714 078	1	0.685 593 754	6	−0.197 304 628	13
辽宁	−0.059 164 16	14	0.083 154 287	9	−0.055 852 278	11
吉林	−1.050 433 303	24	−0.832 325 789	24	−0.617 088 388	21
黑龙江	0.567 164 579	4	0.262 889 212	8	0.217 130 564	8
上海	0.400 449 798	7	2.147 131 386	1	−0.551 097 71	18
江苏	0.409 556 769	6	0.067 421 249	10	1.485 259 611	2
浙江	−0.043 597 611	13	0.766 141 579	4	0.394 669 16	6
安徽	0.046 513 977	11	−0.224 919 524	13	−0.069 635 91	12
山东	1.119 972 802	2	0.706 583 423	5	1.479 080 99	3
河南	0.156 182 553	8	−0.391 494 971	15	0.686 192 115	4
湖北	0.092 329 384	9	−0.603 284 481	18	0.094 930 68	10
湖南	−0.519 434 393	19	−0.749 759 322	23	0.112 175 471	9

（续）

省份	$F(X_1)$得分	排名	$F(X_2)$得分	排名	$F(X_3)$得分	排名
广东	−0.430 279 521	17	0.392 211 944	7	1.571 083 234	1
广西	−0.606 375 548	22	−0.716 737 018	22	−0.227 200 59	14
云南	−0.493 352 804	18	−0.559 464 515	17	−0.478 775 883	16
重庆	−0.595 314 362	21	−0.440 383 966	16	−0.754 343 527	22
陕西	0.066 759 287	10	−0.301 140 661	14	−0.482 679 475	17
宁夏	−0.668 326 095	23	−0.613 374 064	19	−1.137 521 483	24
新疆	0.036 773 743	12	−0.694 185 428	21	0.246 117 501	7
福建	−0.408 721 976	16	−0.078 617 023	12	−0.287 349 001	15

数据来源：SPSS 19.0 软件输出结果。

8.2.2 聚类分析

为了进一步说明北京市奶业各环节可持续发展能力在全国的位置，需要进一步分析与讨论。本书利用 SPSS 19.0 软件对各个主成分为变量进行聚类分析。

采用的聚类方法为系统分类中的 Q 型聚类，目的是将具有相似性特征的样本聚集到一起，从而分离出差异较大的区域样本。输出结果见表 8.8～表 8.10。

表 8.8 奶业基础环节可持续发展能力聚类分析结果

层次	奶业基础环节可持续发展能力	数量	省份
第一集团	极强	4	内蒙古、河北、山东、黑龙江
第二集团	较强	5	北京、江苏、上海、河南、湖北
第三集团	中等	6	陕西、安徽、新疆、浙江、辽宁、天津
第四集团	较弱	9	福建、广东、云南、湖南、山西、重庆、广西、宁夏、吉林

从表 8.8 可以看出，目前我国奶业基础环节可持续发展能力被划分出了 4 个集团。北京市奶业的位置处于第二集团，基础环节可持续发展能力较强。其中，北京市与上海市属于典型的都市型奶业，在奶业基础环节盈利能力和效率能力突出。而江苏省、河南省、湖北省奶业基础环节养殖能力较为突出。

从表 8.9 可以看出，目前我国奶业市场环节可持续发展能力被划分出了 4 个集团。上海市、天津市、北京市 3 个直辖市领跑第一集团，乳制品加工企业盈利能力突出、市场消费发展潜力巨大。近年来，由于北京市乳制品加工环节垄断程度不断增强，致使整个乳制品加工环节盈利水平处于较低水平。所以，在奶业市场可持续发展能力环节，排名落在了天津市后面。

表 8.9　奶业市场环节可持续发展能力聚类分析结果

层次	奶业市场环节可持续发展能力	数量	省　份
第一集团	极强	3	上海、天津、北京
第二集团	较强	5	浙江、山东、内蒙古、广东、黑龙江
第三集团	中等	4	辽宁、江苏、河北、福建
第四集团	较弱	12	安徽、陕西、河南、重庆、云南、湖北、宁夏、山西、新疆、广西、湖南、吉林

从表 8.10 可以看出，我国奶业社会与自然环节可持续发展能力被划分出了 4 个集团。第一集团中的 3 个省份，全部位于我国东部沿海地区，经济发展水平高，地形平缓，水资源丰富。无论从社会还是自然层面，都对奶业起到了良好的支撑作用。北京市奶业在此环节仅排名第 20 位。近年来，北京市人口增长速度大幅提升，社会与自然的矛盾不断激化。奶业是一个比较依赖水资源的产业，而北京市恰恰最缺乏的就是水资源。随着南水北调工程的实施，可以缓解北京市水资源短缺的现状。但从长远角度来看，北京市奶业仍然需要依靠强大的科研和政策优势，努力发

展节水奶业，不断提高对资源的利用效率。

表 8.10 社会与自然环节可持续发展能力聚类分析结果

层次	奶业社会与自然环节可持续发展能力	数量	省份
第一集团	极强	3	广东、山东、江苏
第二集团	较强	5	河南、河北、浙江、新疆、黑龙江
第三集团	中等	4	湖南、湖北、辽宁、安徽
第四集团	较弱	12	内蒙古、广西、福建、云南、陕西、上海、山西、北京、吉林、重庆、天津、宁夏

8.3 影响北京市奶业可持续发展能力的主要因素

本书运用主成分分析法和聚类分析法，计算出了北京市奶业在基础环节、市场环节和社会与自然环节可持续发展能力得分，并获得了其在全国的排名情况。本书根据分析结结果，找出影响北京市奶业可持续发展能力的主要因素，并提出合理的政策建议。

8.3.1 奶牛养殖能力较弱

在奶业基础环节可持续发展能力评价中，北京市奶业得分最低的主成分因子就是奶牛养殖能力。这与北京市人多地少的客观环境以及平原面积较少有直接的关系。2012 年北京市奶牛存栏量为 15.10 万头，与排名前四位的内蒙古（263.20 万头）、山东（129.80 万头）、河北（196.30 万头）、黑龙江（202.20 万头）差距较大。由于土地资源有限，大多数奶农没有规模化养殖场，无法进行大规模养殖和实行种养结合的养殖模式，致使北京市奶业在奶牛养殖能力这一环节处于劣势。

8.3.2 乳制品加工环节盈利能力不足

据相关统计，北京市奶业现阶段共拥有乳制品加工企业 28 家。而北京市 90%乳制品加工集中在 5 家大型乳制品加工企业，分别为蒙牛、伊利、三元、光明、达能。剩余的 10%由其余 23 家乳制品加工企业分摊。这导致北京市奶业乳制品加工环节运营能力较弱，再加之 5 家大型乳制品加工企业产品结构单一，缺乏创新产品开发，直接影响到了乳制品加工环节的盈利水平。2012 年北京市奶业乳制品加工行业产品销售收入为 83.64 亿元，利润总额为 0.47 亿元。略低于排行第二位的天津市奶业（0.50 亿元），但与排行第一位的上海市奶业（17.40 亿元）相差甚远。

8.3.3 乳制品市场受外国冲击程度增强

据《2013 年中国奶业年鉴》数据统计和本书估算，2012 年上海市、天津市、北京市进口乳制品市场占有率分别为 57.79%、45.83%、37.71%，而全国平均水平仅为 11.9%。进口乳制品拥有过高的市场占有率，会削弱地方乳制品加工企业市场竞争力，还会使地方奶业陷入国外乳制品市场的控制之中，不利于奶业自我保障能力的发展，更不利于奶业市场实现可持续发展。

8.3.4 人口与环境之间矛盾不断加剧

近年来，随着北京市经济发展水平的不断提高，大量人口涌入北京市，导致北京市人口激增。据《2013 年中国奶业年鉴》统计，2012 年末北京市人口总量为 2 069 万人，而北京市土地面积只有 16 411 平方千米，还有 60%属于山地面积，不适合进行规模化奶牛养殖，加之北京市还属于严重缺水城市，“人多地少水少”，社会与自然环境之间的矛盾不断激化。若长此以往发展，北京市奶业将逐渐失去自然环境的支撑。

9 政策建议

9.1 针对北京市奶业可持续发展现状提出的政策建议

目前，北京市奶业经过了多年的发展，已经逐步走上了可持续发展的道路，奶业产业链的各个环节在发展过程中相互支撑、共同发展。但一些制约北京市奶业可持续发展的因素依然存在。所以，在此大背景下，要实现北京市奶业可持续发展就必须从北京市实际情况出发，用前瞻性、战略性的眼光和科学性、时效性的方法对北京市奶业进行有针对性的调控和改革。

9.1.1 降低奶牛养殖成本

养殖成本是制约奶牛养殖实现可持续发展的重要因素，若其上升，不仅会降低农户生产的积极性，也会对下游乳制品加工企业的发展产生不利影响，尤其会增加乳制品加工企业对原料奶成本的承受压力，而这些压力最终会转移到广大消费者身上。因此，降低养殖成本对于北京市奶业实现可持续发展至关重要。具体来说，政府层面，可以加大补贴力度，规范项目收费，加大科技扶持力度，健全市场机制，从宏观层面，保证整体奶牛养殖成本维持在一个稳定范围之内。产业层面，企业应当加强科技研发投入的力度，帮助农户分担养殖风险和成本。同时，加强与农户的联系，使奶牛养殖环节与乳制品加工环节的联系更加紧密。奶牛养殖个体管理层面，可以通过降低人工成本或者更新已有机械设备来提高养殖效率。

9.1.2 提升乳制品加工企业运营能力

据相关统计，北京市现阶段共拥有乳制品加工企业 28 家，亏损企业占企业总数的比例维持在 50%左右，其中 90%的乳制品加工集中在蒙牛、伊利、三元、光明、达能 5 家大型乳制品加工企业，其余 10%的乳制品加工被剩余的 23 家中小型乳制品加工企业瓜分，这体现出了北京市乳制品加工行业资源分布不均和整体加工能力偏弱。乳制品加工环节是沟通奶牛养殖环节和市场消费环节的纽带，若乳制品加工行业长期处于运营能力较弱的状态，会降低中小加工企业的生产积极性，也会影响整体加工环节的质量。

对此，政府要加大对中小型乳制品加工企业的扶持力度，适当地给予引进先进设备和管理人才方面的补贴，帮助中小企业提高生产效率，提高乳制品加工水平。

企业要坚持财务指标和非财务指标分析并重的原则，使用更为人性化的绩效考核标准。用数据说话，将运营能力作为财务的核心指标和决策的考核指标，兼顾短期和长期利益，使企业自身获得较高的偿债能力、获利能力和发展能力。

9.1.3 增强奶业市场竞争力

9.1.3.1 提高奶牛饲养效率

增强奶业市场竞争力的根本途径是在奶牛养殖环节提高奶牛单产和饲养效率，合理节约利用有限的土地资源，降低各项成本，使饲养效率达到最大化，从而降低原料奶成本，保持生鲜乳收购价格处于稳定状态，降低乳制品加工企业成本承受压力，从源头加强北京市奶业市场的竞争力。

9.1.3.2 调整市场产品结构

我国乳制品产品结构单一，种类较少，与发达国家产品结构相比，竞争优势并不明显。纵观西方国家奶业发展之路，其共同点是大力发展高品质的液态奶，从而适应不同人群的需要，增强自身市场竞争力。北京市各大乳制品企业要从实际出发，加大对产品新品种的研发力度，充分发挥自身科技水平高的优势，通过改善单一的产品结构，增加产品附加值，满足市场需求，提升自身市场竞争力。

9.1.3.3 完善市场预警机制

近年来，随着北京市乳制品需求量的快速增长，对国外进口乳制品的依赖程度日渐加深，完善市场预警机制，加强自我保障能力，对于北京市奶业实现可持续发展至关重要。

一套完善的预警机制，可以对奶业进行长期的跟踪监测和预警分析。一旦北京市奶业市场遭到国外市场冲击，可以做出快速的反应和制定相应的对策，避免市场遭受到难以估计的损失。

9.1.3.4 加强奶业市场反垄断力度

目前，通过调研发现，北京市奶业市场集中率 CR8 已经明显大于 70%，市场份额集中在蒙牛、伊利、三元、光明、达能等大型乳制品加工企业，属于极高寡占型垄断。行业垄断程度过高会提高市场准入门槛，降低市场活力和创新能力，不利于北京市奶业实现可持续发展。

就此形势分析，建议政府通过制定和实施《反垄断法》，限制并购，拆分垄断企业，限制企业间托拉斯、价格联盟等行为，加强奶业市场的反垄断力度，给予各中小企业政策扶持，加强其市场占有率和竞争力，打破垄断局面，增强奶业市场活力，使北京市奶业市场向着可持续的方向发展。

9.1.4 提高资源利用效率

9.1.4.1 提高水资源利用效率

据《北京市水资源公报》统计，2013 年北京市水资源总量为 24.81 亿立方米，人均水资源占有量为 117 立方米，北京市作为资源型重度缺水特大城市，水资源总量常年处于较低水平，形势不容乐观。加之近年来城市快速发展和人口过快增长，首都水资源供需矛盾日益突出。

发展节水奶业，提高奶牛养殖环节水资源利用效率，不仅有助于北京市奶业实现可持续发展，而且对于北京市发展节水农业，实现农业可持续发展具有重要的推动作用。

第一，从政府宏观层面出发，可以出台一些奶业节水政策，包括给予奶农节水设备补贴，组织专家学者赴基层牛场进行节水宣传培训，邀请奶农参加节水技术推广会议，定期评选节水示范牛场并对其进行表彰和奖励。加强基层农场奶农的节水意识，激励奶农使用节水设备的积极性。

第二，从奶农自身层面出发，要树立忧患意识和高效意识，积极响应政府号召，培养节水意识，从粗放型养殖向规模化、集约化型养殖转变。这不仅可以使牛场的成本利润率提高，还可以促进北京市奶业实现可持续发展，造福子孙后代。

9.1.4.2 推行“种养结合”新模式

种植业和养殖业相结合是发达国家的普遍做法和经验，实行“种养结合”的养殖模式，既可以使牛粪还田，又可以利用牛粪，种植出优质的粗饲料喂养奶牛，最大限度地利用土地资源，实现“零污染一体化”经营。

“种养结合”模式，可以有效地缓解奶牛养殖造成的有机污染，其中粪尿无害化处理肥田技术是“种养结合”模式的核心技术，可以把奶牛产生的粪尿收集起来，经过处理后变成一种有机肥料。这样既可以节约肥料和水资源，又可以把对环境的污染减小到最低点。

9.1.5 增强粪污处理能力

9.1.5.1 加大环保饲料的研发力度

在奶牛养殖过程中，粪便会对周边的水体或者土地造成污染，而解决粪便污染最根本的方法，就是从饲料环节降低有害物质的排放。具体可以采用开发环保型饲料、在饲料中添加除臭剂等生态制剂等方法，有效改善奶牛肠道消化能力，最终达到减少有害物质排放的目的。

9.1.5.2 推广粪污处理技术

从政府层面出发，大力推广牛粪的无害化处理技术，加大对粪污处理设备的补贴，在制度建设方面，加强政府引导和激励作用。

从奶农自身层面出发，要努力提高自身素质，积极参加无害化处理技术推广培训，加大奶牛养殖中处理粪污费用的投入。

9.1.6 加强奶业文化宣传

近年来，随着北京市经济的飞速发展，人均收入水平的不断提高，牛奶已经成为了北京市民餐桌上必不可少的饮品，而奶业文化对于大多数市民来说还是比较陌生的。北京市政府可以利用媒体宣传优势，加大对奶业文化的宣传力度，培育人民群众消费乳制品的习惯，潜移默化地增强市民对于奶业文化的认同感。还可以出台一些优惠政策，加大对北京市奶业文化产业的扶持力度，最大限度地挖掘奶业市场潜力，进一步延长奶业产业链。

9.2 针对北京市奶业各利益相关者关系提出的政策建议

9.2.1 充分利用政府政策平台

政府作为权力执行机构，会针对每个产业的不同发展阶段，制定相应的扶持政策。作为乳制品加工企业，应合理运用政府优惠政策和补助资金，更新生产设备，优化管理和产品结构，提高自身的质量控制水平和产品工艺水平，为广大消费者生产出更加优质的乳制品。作为奶业产业链中的核心利益相关者，乳制品加工企业要充分利用政府的优惠政策，发挥自身带头作用，将资金优势转化为技术优势。这样既可以减轻政府相关质量监督部门的压力，也可以使政府部门得到民众的认可。

9.2.2 协调好与奶农的关系

一是创建乳制品利润保障计划，取代传统的政府补贴形式。奶农可以按照自己的经营情况选择政府保障的利润水平和投保产量，当连续两个月北京市牛奶均价和平均饲料成本之差低于目标成本时，奶农将可以从政府部门获得补助。二是建立公开的第三方检测机构，制定统一的生鲜乳收购标准，限制乳制品加工企业无理由拒收牛奶的行为，保证奶农利润，增强其生产经营信心，促进收奶环节实现公平。三是建立利益共享机制，找到奶农和乳制品加工企业的利益平衡点，建立共同的需求传导机制。乳制品加工企业要准确判断市场需求信息，从而制定精确的原料奶需求清单，并及时将信息传达给奶农。只有准确地将市场需求信息在奶业基础环节快速传递，才能实现奶牛养殖环节的精准生产。精准生产的好处就是能够节约奶业资源，既保证奶农的利润，也保证乳制品加工企业能够按需生产，彻底打消拒收牛奶的念头。

9.2.3 提升乳制品消费者信心

一要从奶业的源头抓起，建立标准化、规范化的奶牛养殖体系。通过利益联结的方式，将奶农、乳制品加工企业和饲料加工企业紧密地联系在一起，形成利益共同体，提高原料奶的品质。并建立第三方检测机构，公平、公开地对原料奶进行科学检测，从源头上杜绝质量安全问题的发生。二要建立可追溯系统，利用物联网技术，对奶牛养殖、生产加工、市场消费环节全程监控。发现问题，迅速解决，保证每一杯牛奶都“有据可查”。三要做好宣传工作，国内消费者对国外品牌的认可是因为国外乳制品加工企业善于宣传自身良好的企业形象。因此，国内乳制品加工企业要加大对品牌建设的投入。重视培育企业文化，形成业界独树一帜的经营理念。积极参与公益活动，利用各种机会接触社会民众，倾听民众的需求意愿，让每一位消费者都能亲身体会到乳制品加工企业的文化。

9.2.4 建立环境友好的生产模式

自然环境是奶牛养殖的载体，只有与自然界保持和谐的关系，才能利用自然环境使自身得到长久的发展。企业自有牧场可以实施“种养结合”模式，最大限度地利用土地资源，实现“零污染一体化经营”。开发环保型饲料，在饲料中添加除臭剂等生态制剂，有效改善奶牛肠道消化能力，最终达到减少有害物质排放的目的。

9.2.5 建立乳制品加工企业与饲料加工企业联动机制

饲料加工企业是与奶业关联度最高的产业，降低饲料成本，是奶业能否降低养殖成本的关键。降低养殖成本，不仅可以保证奶农获得更多的利润，提高其生产积极性，还可以保证北京市奶业在应对国外乳制品市场的冲击时保持良好的成本价格竞争力。北京市饲料加工企业应与乳制品加工企业建立紧密的联结关系，依托强大的科研实力，共同开发能够适应我国气候、土壤条件的饲料类型或者研发出能够替代传统饲料的新型混合饲料，进而从源头上摆脱西方国家对于我国奶业饲料成本环节的控制。

9.2.6 充分发挥非政府组织作用

非政府组织主要起到协调北京市奶业各方利益的作用，其举办的各种行业尖端会议，涵盖了北京市奶业未来发展的先导信息，对乳制品加工企业的战略决策具有重要的影响作用。与此同时，非政府组织还承担着奶业基础环节的培训工作，由于奶牛养殖需要许多专业的技术知识和人为经验。所以，非政府组织要定期对奶农进行技术培训和心理辅导。通过技术培训，奶农可以更好地提高自身生产效率。通过心理辅导，可以使奶农遇到经营危机时，保持冷静平和的心态。非政府组织发挥作用的前提是要掌握行业发展的真实状况。从奶农层面角度出发，要积极配合奶业经济专家填写生产经营月报，如实将自身发展现状反馈给非政府组织。只有这样，非政府组织才能对其出现的经营问题进行客观的分析，找到问题的关键，并给予必要的技术支持。从乳制品加工企业出发，要向北京市奶业协会提交相关资料、数据，方便其掌握北京市奶业加工环节的整体发展状况，奶业专家只有拥有充足的数据，才能对当前的奶业现状进行科学分析。研究结果可以为政府出台相关政策提供支持，有利于乳制品加工行业健康发展。

9.2.7 提高社会公众的认知度

社会公众主要对乳制品加工企业起到舆论监督作用，但一切评论和报道要建立在客观公正的基础之上。提高社会公众的认知度有利于客观地反映乳制品加工环节的客观发展现状，为消费者提供透明的消费环境。社会公众认知水平的提高，也有利于乳制品企业严格要求自己，自觉接受社会监督，严格保证食品安全，为消费者提供优质的乳制品。二者保持和谐的关系，将直接影响消费者的购买意向，对北京市奶业实现可持续发展起到了关键的作用。

9.2.8 关注其他利益相关者的诉求

乳制品加工企业与外围层的关系主要体现在与北京市未来市民的关系，人们的后代是未来建设北京市的重要基石。他们的诉求，才是未来北京市奶业生产高质量牛奶的动力和源泉。只有乳制品加工企业保持创新进取的精神，不断进步、不断成长，制造更高品质的牛奶，才能保证人们的后代茁壮成长，从而保证奶业需求的可持续增长。

9.3 针对北京市奶业可持续发展水平评价结果提出的政策建议

本书运用多级模糊综合评价法对北京市奶业可持续发展水平进行了科学评价，并总结出了 2008—2013 年北京市奶业可持续发展水平的变化趋势，本书针对模型分析结果，提出合理的政策建议。

9.3.1 提高养殖效率

根据数据分析结果，建议北京市奶业在奶牛养殖环节继续走“高效之路”。随着市场经济的快速发展，都市型奶业城市人口与土地资源的矛盾日益突出，在自然资源先天不足的情况下，走可持续发展道路，改进生产技术，提高生产效率是最基本的要求。发展适度规模化牛场，实行“种养结合”新模式，改进饲养方式，改善奶牛生活环境，将奶业和观光旅游结合到一起等，是北京市奶业未来可持续发展的方向。这里特别要提到的就是将奶业和观光旅游相结合的新型奶业组织形式，本书称其为都市型休闲奶业。面对自然资源匮乏的发展现状，北京市奶业应当鼓励发展都市型休闲型奶业，将牧场与旅游有机地结合起来，使奶牛养殖环节不再是生产廉价的生鲜乳，而是通过建设有奶业特色的适度规模化牛场，为广大消费者提供一个可以放松身心的农牧体验区。在体验的过程中，农场可以设置许多收费的体验环节，如与奶牛合影、体验手工挤奶、制作乳制品、购买奶业周边产品等。原理是延长奶牛养殖环节的产业链结构，增加奶牛基础环节的附加值。这样不仅可以提高奶农的其他收入，还可以有效提高资源的利用效率，减轻自然环境负担。在适度规模化经营的前提下，完成北京市奶业从传统发展模式向可持续发展模式的转变，充分发挥北京市奶业市场的消费优势，提升奶业的娱乐性和社会影响力。优化产业结构，将第三产业融入奶业基础环节。这样北京市奶业的发展不再是由第一和第二产业推动，而是靠一、二、三产业共同推动。随着第三产业在北京市奶业中的作用不断凸显，整个行业势必会向着可持续的方向发展，自然与社会的矛盾也将不断缓和。

9.3.2 提高乳制品加工行业盈利能力

乳制品加工行业是整个奶业发展的核心环节，根据北京市奶业的实际发展情况，提出如下 3 条建议。第一，要增强行业活力，鼓励中小型乳制品加工企业发展，限制大型乳制品加工企业垄断市场。目前，北京市拥有 28 家乳制品加工企业，其中大部分加工份额被 5 家大型乳制品加工企业占据。从长远角度来看，这种市场结构并不适合乳制品加工行业在未来实现可持续发展。作为政府，要发挥宏观调控的作用，给予中小乳制品加工企业政策和资金支持，提高其市场竞争力，并走特色产品发展道路，弥补大型加工企业产品结构单一的劣势和乳制品市场结构单一的短板。第二，优化乳制品结构，为不同受众群体开发有针对性的乳制品，积极探索低、中、高端市场，拓宽销售渠道，提升市场份额占有率。在优化乳制品结构的同时，还需要加强乳制品加工企业品牌建设，提升乳制品品牌价值，增加附加值，在保持成本稳定的情况下，获得更高的利润。第三，要通过技术进步来降低人工成本和材料成本，获得更强的市场竞争力。在企业内部，要针对不同员工的工作性质和特点组织有针对性的专业培训，提高整个行业的员工素质，使员工各司其职，在实现自身价值的同时，为企业提供高水平的劳动力。这样乳制品加工企业在提高生产效率的同时，还可以提高利润率。

9.3.3 抵御国外乳制品市场冲击

北京市奶业市场想要走可持续发展的道路，一定要摆脱国外乳制品市场的控制。首先，要培育本土高端奶粉品牌，打造出一款具有中国特色的奶粉系列，并使之成为市民心中的经典之作，重塑消费者信心，重新夺回奶粉市场的制高点。其次，要建立科学的奶业市场预警机制，利用先进的计量经济学模型，通过对真实数据的模拟和检验，开发出一套切实可行的预警软件，对历年的市场冲击程度进行定量评价。再次，根据评价结果，对未来的市场冲击进行预警，客观准确地反映北京市奶业市场受冲击的程度，根据具体情况，布置具体的应对措施。最后，要实行“走出去”战略，让本土大型乳制品加工企业为中小型企业留出发展的空间，率先进入国外乳制品市场，先发制人，打破被动的局面，全面提升北京市奶业的国际影响力，积极培育出世界级的跨国乳制品企业，为本土乳制品加工行业树立榜样。并且，带动本土有特色的乳制品加工企业，分批次地走向世界舞台，让中国的乳制品在世界舞台上占有一席之地。

9.3.4 提高资源利用效率

北京市是一个资源匮乏型城市，特别是一个严重缺水的城市，而水资源恰恰是奶业发展的基础，发展规模化牛场无疑需要大量的土地资源和水资源。北京市作为典型的都市型奶业城市，大规模养殖并不是北京市奶业可持续发展的方向。未来，北京市奶业一定是向集约化和适度规模化方向发展，既然没有庞大的自然资源系统支持，就要走“高效之路”。在资源环节，建议北京市发展节水奶业，利用最新的物联网系统，打造智慧奶业，最大限度地提高资源利用效率。发展高端牧场体验园，使社会资本不断涌入北京市奶业的基础环节，拓宽牧场盈利渠道，延长奶业养殖环节的产业链，打造高端牧场生态体验区，从而摆脱北京市奶业对资源的过分依赖。不断提升牧场牛奶的品质，打造高端牧场品牌，利用品牌效应增强乳制品附加值，实现北京市奶业在奶牛养殖环节的可持续发展。

9.4 针对 DEMATEL 模型分析结果提出的政策建议

在模型结果分析中，本书总结出了影响北京市奶业可持续发展的 5 个重要指标（乳制品进口量、农村居民人均年乳制品消费量、乳制品市场容量、人均可支配收入、乳制品市场占有率），其中 4 个指标属于市场与消费要素，1 个指标属于社会与文化要素。

通过进一步分析，得出北京市奶业面临的核心问题指标（乳制品进口量）和解决问题的驱动指标（牛奶固形物含量、乳制品消费占食品消费支出的比重、粪便清运量、亏损企业占企业总数百分比、大规模养殖场奶牛年平均物质与服务费用）。这里进一步分析这些指标，并提出具体、合理的对策建议。

9.4.1 重要指标分析

9.4.1.1 乳制品进口量

乳制品进口量是反映北京市乳制品市场对外依赖程度的重要指标。近年来，随着北京市乳制品需求量的快速增长，乳制品需求日益增强，当北京市乳制品供给量不足时，就需要大量进口国外乳制品来填补乳制品销售的空缺。根据《2014 年中国奶业年鉴》统计和本书计算，北京市乳制品进口量（折合成液态奶形式），由 2009 年的 37 281.18 吨增长到 2013 年的 145 621.23 吨，5 年增幅近 300%。乳制品进口量的大幅度提高在一定程度上说明了北京市乳制品市场消费能力的提升。但从长远角度出发，过度依赖国外乳制品进口，不利于北京市奶业可持续发展。若要减少对国外乳制品的依赖程度，最重要的是要增强北京市奶业自我保障能力。通过技术进步，增强奶牛单产，发展适度规模化奶牛养殖，大力推广“种养结合”发展模式，降低奶牛养殖成本，提高土地利用效率，从根本上提高北京市奶业市场竞争力。

9.4.1.2 农村居民人均年乳制品消费量

近年来，北京市郊区经济发展水平不断提高。但不可否认的是，北京市城乡二元结构并没有发生根本的改变，城乡发展差距依然很大。2012 年，北京市农村人均年乳制品消费量为 12.5 千克，与北京市城镇居民乳制品消费水平仍有较大差距。农村是未来北京市乳制品消费的潜在增长点。要提高农村居民乳制品消费能力，根本途径是改革城乡户籍管理制度，使城乡劳动力能够自由流动，平等就业，提高农村居民人均可支配收入。

9.4.1.3 乳制品市场容量

乳制品市场容量是衡量一地区乳制品市场潜力的重要指标，经本书估算，2013 年北京市乳制品市场容量约为 143 亿元，同比增长 65%，与乳制品需求量基本保持同步增长。保持乳制品市场容量继续快速稳定增长的途径有 3 个：一要继续保持人均可支配收入的稳定增长；二要促进企业不断进行科技创新，产品使用价值的提高可以吸引更多的消费，成本的降低可以使产品更加具有市场竞争力，从而达到市场容量扩大的目的；三要鼓励部分企业走出国门，开拓国外市场，为国内市场容量腾出空间。

9.4.1.4 人均可支配收入

人均可支配收入是衡量城乡居民收入水平的重要指标。收入决定了消费，而消费是市场发展的根本动力。据《2014 年北京统计年鉴》统计，北京市人均可支配收入由 2008 年的 24 725 元增长到 2013 年的 40 321 元，6 年增幅为 63%，基本保持平稳增长趋势。在社会性指标中，人均可支配收入是影响北京市奶业市场可持续发展的决定性指标。只有不断提高城乡居民的收入水平，缩小城乡居民收入差距，不断拓宽社会工资渠道，才能保证北京市城乡居民乳制品消费能力不断增强，从而推动北京市奶业实现可持续发展。

9.4.1.5 进口乳制品市场占有率

进口乳制品市场占有率是衡量北京市奶业市场受冲击程度的重要指标。根据《2014 年中国奶业年鉴》相关数据统计和本书估算，北京市奶业市场进口乳制品市场占有率从 2008 年的 12.91%增长到 2013 年的 35.14%，6 年增幅为 22.23%。说明北京市奶业市场近年来受国外冲击程度逐渐增强，不利于奶业实现可持续发展。最近频发“倒奶杀牛”事件的重要原因就是过度依赖国外进口乳制品（尤其是奶粉），由于我国奶牛养殖饲料、人工成本过高，导致许多大型企业为了追逐利益，大量进口国外原料奶，拒收国内奶农牛奶。当国际奶价大幅下跌，原本脆弱的国内奶牛养殖业就处在了崩溃边缘。为了应对国外乳制品市场冲击，北京市各大规模养殖场要积极转变经营方式，发展适度规模化的“种养结合”模式养殖。大型乳制品加工企业要不断加快国际化发展步伐，只有乳制品加工企业具备国际市场竞争力，才能从根本上保护本国奶牛养殖业的安全。

9.4.2 北京市奶业急需解决的问题及对策

从综合影响矩阵结果分析中，明确了北京市奶业可持续发展急需解决的问题是对国外乳制品市场的依赖。解决此问题的驱动指标内涵分别为原料奶品质（奶牛养殖环节）、奶牛养殖生产效率（奶牛养殖环节）、乳制品加工行业盈利水平（乳制品加工环节）、乳制品消费整体水平（市场与消费环节）、粪便清运量（资源与环境环节）。

北京市是全国重要的乳制品消费市场。随着近年来城乡居民乳制品消费水平的不断提高，大量国外优质乳制品涌入北京市奶业市场。虽然短期内，北京市奶业市场呈现出了空前繁荣的景象，但在光芒的背后，同样存在着不小的隐患。随着乳制品进口量的迅速增长，北京市对国外乳制品市场的依赖程度日益加深。综合影响矩阵分析结果显示，若想消除这一影响，乳制品消费提振是北京市奶业实现可持续发展的重要因素。

9.4.2.1 提高原料奶质量

要在奶牛养殖环节加大饲料种植、奶牛育种、饲料营养、疫病防治、环境卫生等环节的投入。保证原料奶的质量，从根本上提高北京市奶业国际市场竞争力，并以优质产品赢得北京市消费者的信赖。

9.4.2.2 降低奶牛物质与服务费用

在成本控制环节，不断降低物质与服务费用，提高养殖效率，降低养殖成本，从奶业源头实现可持续发展。在乳制品加工环节，各企业要通过科技创新提高自身竞争力，努力提高自身经营效益，争取转亏为盈，实现乳制品加工环节的可持续发展。

9.4.2.3 引导消费者购物习惯

在市场与消费环节，要不断引导广大市民养成消费乳制品的习惯，将乳制品作为日常餐桌上的必备品，要使消费者充分认识到牛奶对于人体骨骼和健康的作用。保证乳制品消费占食品消费支出持续增长，在市场与消费环节实现可持续发展。

9.4.2.4 提升粪污处理能力

在资源与环境环节，要提升粪污处理能力。不仅可以减少周围环境的压力，还可以“变废为宝”，发展“种养结合”模式，把粪便作为种植业的肥料二次利用，形成“以牛养田、自给自足”的良性循环模式。

9.5 针对北京市奶业可持续发展能力评价结果提出的政策建议

9.5.1 提高奶牛养殖能力

奶牛养殖能力是影响北京市奶业基础环节实现可持续发展的重要因素。由于资源环境的先天性缺陷，北京市奶业不能像其他资源型城市一样走大规模养殖道路。北京市奶业属于典型的都市型奶业，要通过提高奶牛单产，降低养殖人工成本，提高土地资源效率，发展节水奶业的途径提高养殖效率，弥补资源不足所带来的发展困境。

9.5.2 增强乳制品加工业活力

目前，北京市奶业乳制品加工环节垄断程度过高。据统计，蒙牛、伊利、三元、光明、达能 5 家大型乳制品加工企业的加工数量已经占到了总加工数量的 90%，市场集中度（CR8）也超过了 70%，市场结构属于极高寡占型。市场垄断程度过高不仅会提高行业准入门槛，也会使整个行业失去竞争压力。企业间失去了竞争压力，自然也失去了创新的动力。要解决此问题，需要政府和乳制品加工企业共同努力。第一，政府要出台扶持本土中小型乳制品加工企业的政策，包括资金支持、设备补贴和融资政策等，使其具备发展自身品牌的资本。第二，北京市各中小型乳制品加工企业要从自身出发，不断创新，调整产品结构，开发新型乳制品品种，努力挖掘市场潜力，扩展自身销售渠道，增加销售利润。

9.5.3 提高奶业自我保障能力

北京市奶业摆脱国外乳制品市场控制的根本途径就是增强自

我保证能力，只有把自身做大做强，才能彻底摆脱对国外乳制品市场的依赖。第一，在奶牛养殖环节，要不断提高奶牛单产量和生产效率，通过科学喂养，提高牛奶固形物数量，严格控制原料奶体细胞数量，保证牛奶品质。第二，在乳制品加工环节，各乳制品加工企业要不断优化产品结构，提高自主创新能力，研发新型乳制品品种，拓宽销售渠道。大型乳制品加工企业要把视野放到国际市场当中，积极在海外投资，融入国际奶业市场，腾出国内市场空间，留给待发展的中小型乳制品加工企业。政府要出台政策鼓励发展“粮经饲”三元结构，提高土地利用效率，将种粮效果不好的土地划分出来种饲料，提高土地利用效率，发展本土饲料，摆脱国外市场对北京市饲料成本环节的控制。鼓励饲料加工企业研发出适合在北京市种植的牧草，或者研发出可以替代传统饲料又能达到同样养殖效果的低成本饲料。只有北京市奶业各个环节协同发展，共同提高自我保障能力，才能使北京市奶业完全摆脱国外乳制品市场的控制，实现可持续发展。

9.5.4 缓解社会与自然环境矛盾

近年来，随着北京市社会经济的不断发展，大量外来人口涌入北京市，社会与自然的矛盾不断激化。资源环境是北京市奶业实现可持续发展的载体，重要程度不言而喻。要缓解这一矛盾，首先要做的就是合理控制新生人口，疏解流动人口。具体做法：一是执行计划生育政策，严格控制超生情况。将劳动力密集产业转移到京外，伴随着大量密集劳动力的迁移，人口压力会得到一定程度的缓解。二是积极缩小城乡差距，破解城乡二元结构，对城乡结合部进行改造、拆迁，迫使流动人口转移到京外区域。三是开发和推广节约、替代、循环利用和治理污染的先进适用技术，大力发展节水奶业，在水资源不充足的情况下，提高水资源利用效率，最终实现社会与自然的和谐发展，实现奶业可持续发展。

10 不足与展望

本书通过对北京市奶业可持续发展水平、影响因素、能力进行的分析，计算出了北京市奶业 2008—2013 年的可持续发展水平得分，最急迫要解决的问题（解决问题的内在驱动力）和未来发展的能力。总体来说，十分全面地分析了北京市奶业的可持续发展问题，并且得出了一些有价值的政策建议。

但是，本书依然存在一些不足之处，如分析问题深度不够、思维的广度不够等。虽然全面地分析了北京市奶业可持续发展过程中存在的一些问题，但缺少了对未来发展的科学预测。

北京市作为典型的都市型奶业城市，可持续发展前景广阔。只要能摒弃传统的奶业经营模式，依靠科学技术，进一步地降低养殖成本；依靠先进的农业理念，合理利用各项自然资源；依靠政府的科学决策，规范乳制品市场；依靠市民的大力支持，提高国产乳制品市场销售份额，相信未来的北京市奶业一定可以实现可持续发展，我们的子孙后代一定可以品尝到更加优质的牛奶。

附录1 北京市奶牛存栏量100头以上养殖场分布（2016）

序号	区	养殖场（小区）名称	地址（邮编）	养殖品种	养殖规模（头）	占地面积（亩*）
1	大兴区	北京望隆养殖专业合作社	榆垡镇刘各庄村（102602）	奶牛	130	19
2	大兴区	万牧霖沅奶牛养殖小区	榆垡镇南化各庄村（102602）	奶牛	132	100
3	大兴区	北京榆垡大盟养殖中心	榆垡镇西麻各庄村（102602）	奶牛	200	80
4	大兴区	北京悦然牧业有限公司	礼贤镇黎明村村委会北（102604）	奶牛	200	100
5	大兴区	北京大辛庄京辛养殖场	礼贤镇西良各庄村（102604）	奶牛	200	30
6	大兴区	北京义鹏养殖场	礼贤镇东安村（102604）	奶牛	200	160
7	大兴区	田营腾龙奶牛场	礼贤镇田家营村（102604）	奶牛	200	20
8	大兴区	北京礼贤龙头奶牛养殖场	礼贤镇龙头村北2 000米	奶牛	200	70
9	大兴区	北京江隆海昌仓储服务中心	礼贤镇一村中学东100米	奶牛	200	20
10	大兴区	北京亿盛发养殖有限公司	魏善庄镇赵庄子村（102611）	奶牛	200	60

* 亩为非法定计量单位。1亩=1/15公顷。

（续）

序号	区	养殖场（小区）名称	地址（邮编）	养殖品种	养殖规模（头）	占地面积（亩）
11	大兴区	北京三元绿荷奶牛养殖中心太和牛场	魏善庄镇前苑上村北200米（102611）	奶牛	200	78
12	大兴区	北京合兴聚养殖有限公司	魏善庄镇大狼垡村北50米（102611）	奶牛	200	58.6
13	大兴区	北京会文伟业养殖场	魏善庄镇查家马坊村东50米（102611）	奶牛	200	13.6
14	大兴区	北京天元顺通养殖有限公司	魏善庄镇前苑上村委会北600米	奶牛	200	80
15	大兴区	北京绿荷牛业有限责任公司（创辉牛场）	采育镇大皮营村南（102606）	奶牛	200	265
16	大兴区	北京采育宏伟养殖场	采育镇东潞州（102606）	奶牛	200	80
17	大兴区	北京宏兴成养殖有限公司	采育镇龙门庄村（102606）	奶牛	200	50
18	大兴区	北京康奶兴奶牛专业合作社	采育镇凤河营村（102606）	奶牛	200	20
19	大兴区	北京诚鑫强养殖有限公司	长子营镇牛坊村（102606）	奶牛	200	50
20	大兴区	北京长子营保顺养殖场	长子营镇潞城营村（102606）	奶牛	200	30
21	大兴区	北京长子营福瑞生养殖场	长子营镇东北台村委会南（102606）	奶牛	200	40
22	大兴区	北京留民营星光养殖场	长子营镇留民营村南（102606）	奶牛	200	18

（续）

序号	区	养殖场（小区）名称	地址（邮编）	养殖品种	养殖规模（头）	占地面积（亩）
23	大兴区	北京永利益隆养殖场	安定镇大渠村东北50米（102607）	奶牛	200	15
24	大兴区	北京尹守旗养殖场	安定镇佟营村养殖小区（102607）	奶牛	200	15
25	大兴区	北京通顺广元养殖场	安定镇通马房村东（102607）	奶牛	200	15
26	大兴区	北京安定凤海养殖场	安定镇西白塔村南1 500米（102607）	奶牛	200	48
27	大兴区	北京安怡牧业有限公司	安定镇佟家务村（102607）	奶牛	210	70
28	大兴区	北京安定棚枫养殖场	安定镇后安定村（102607）	奶牛	210	100
29	大兴区	阳光达旺（原佟营养殖西小区）	安定镇佟营村养殖小区（102607）	奶牛	210	50
30	大兴区	北京海源奶牛养殖有限公司	黄村镇海子角（102600）	奶牛	220	30
31	大兴区	北京芦城阵宇养殖场	黄村镇宋庄村（102600）	奶牛	250	16
32	大兴区	北京康祝养殖中心	黄村镇郭上坡村村委会南500米（102600）	奶牛	250	30
33	大兴区	北京青平养殖有限公司	青云店镇西鲍村（102605）	奶牛	250	40
34	大兴区	北京华成牧业有限公司	青云店镇西鲍辛庄村委会东1 000米（102605）	奶牛	250	31.5
35	大兴区	北京裕民伟业养殖场	青云店镇石州营村南（102605）	奶牛	250	94

（续）

序号	区	养殖场（小区）名称	地址（邮编）	养殖品种	养殖规模（头）	占地面积（亩）
36	大兴区	北京青云店福瑞奶牛养殖场	青云店镇五村（102605）	奶牛	250	35
37	大兴区	北京盛泰园奶牛养殖场	青云店镇东孙村东南6米（102605）	奶牛	256	15
38	大兴区	北京垡上荣庆奶牛场	青云店镇西大屯村（102605）	奶牛	260	33
39	大兴区	北京天盛奶牛场	青云店镇东鲍村东100米（102605）	奶牛	260	45
40	大兴区	北京太和秀芬光杰养殖场	青云店镇马凤岗村（102605）	奶牛	280	8
41	大兴区	北京亿牧银丰奶牛专业合作社	青云店镇马凤岗村（102605）	奶牛	300	36
42	大兴区	北京市三元绿荷奶牛养殖中心金银岛牧场	庞各庄镇保安庄村西（102601）	奶牛	300	500
43	大兴区	北京九州通达科技有限公司	庞各庄镇薛营村（102601）	奶牛	300	5
44	大兴区	庞各庄惠东家畅养殖小区	庞各庄镇西黑垡村南（102601）	奶牛	300	100
45	大兴区	北京首农畜牧发展有限公司金星牛场	西红门镇振亚庄南（100162）	奶牛	300	402
46	顺义区	北京市向阳奶牛场	北府村（101305）	奶牛	300	71
47	顺义区	北京市马坡肖家坡明仁奶牛养殖场	北府村（101305）	奶牛	300	65

（续）

序号	区	养殖场（小区）名称	地址（邮编）	养殖品种	养殖规模（头）	占地面积（亩）
48	顺义区	北京中地畜牧科技有限公司	赵家峪村(101308)	奶牛	300	300
49	顺义区	北京小段奶牛合作社	小段村（101308）	奶牛	300	80
50	顺义区	北京中地种畜有限公司	吴雄寺村(101308)	奶牛	300	50
51	顺义区	北京雄特牧业有限公司	大孙各庄(101308)	奶牛	300	200
52	顺义区	北京市东町绪忠奶牛场	大塘村（101308）	奶牛	300	100
53	顺义区	北京华晨养殖场	陈庄村（101300）	奶牛	300	50
54	顺义区	北京市龙湾承三养殖场	丁甲庄村(101306)	奶牛	300	50
55	顺义区	北京市石家营养殖专业合作社	石家营村(101300)	奶牛	300	35
56	顺义区	北京望加养殖中心	马坊村（101300）	奶牛	300	170
57	顺义区	北京龙头爱民奶牛场	龙王头村(101301)	奶牛	300	88
58	顺义区	北京梦渌通养殖有限公司	小店村（101309）	奶牛	300	110
59	顺义区	北京天辰乳业有限公司	小店村（101309）	奶牛	300	70
60	顺义区	北京市北务广峰养殖场	高各庄村(101309)	奶牛	300	120
61	顺义区	北京昭阳牧场	齐家务村(101309)	奶牛	300	104

（续）

序号	区	养殖场（小区）名称	地址（邮编）	养殖品种	养殖规模（头）	占地面积（亩）
62	顺义区	北京金顺博通农牧科技发展有限公司	豹房村（101300）	奶牛	315	90
63	顺义区	北京三农嘉华农牧业科技有限公司	西小营村(101300)	奶牛	320	125
64	密云区	北京黄土梁奶牛场	高岭镇下甸子村（101507）	奶牛	320	20
65	密云区	北京李各庄奶牛养殖专业合作社	密云镇李各庄村（101500）	奶牛	330	600
66	密云区	北京茂源奶牛场	尖岩村(101512)	奶牛	331	80
67	密云区	北京苇子峪养殖专业合作社	北庄镇苇子峪村（101503）	奶牛	336	40
68	密云区	北京北庄南山奶牛养殖场	北庄镇北庄村（101503）	奶牛	350	70
69	密云区	北京北庄虹祥养殖专业合作社	北庄镇苇子峪村（101503）	奶牛	350	30
70	密云区	北京元兴双华奶牛养殖场	北庄镇北庄村下北庄（101503）	奶牛	350	20
71	密云区	北京益大牧业有限公司	十里堡镇靳各寨村（101500）	奶牛	350	200
72	密云区	北京科利达养殖场	十里堡镇靳各寨村（101500）	奶牛	350	112
73	密云区	北京统军庄正阳牛场	十里堡镇统军庄村（101500）	奶牛	350	20

（续）

序号	区	养殖场（小区）名称	地址（邮编）	养殖品种	养殖规模（头）	占地面积（亩）
74	密云区	北京红运正通养殖场	十里堡镇清水潭村（101500）	奶牛	350	60
75	密云区	中鼎联合牧业股份有限公司	十里堡镇庄禾屯村（101500）	奶牛	350	180
76	密云区	北京市久兴养殖场	十里堡镇庄禾屯村（101500）	奶牛	350	43
77	密云区	北京市合家欢奶牛养殖场	十里堡镇庄禾屯村（101500）	奶牛	350	40
78	密云区	北京乡元奶牛养殖专业合作社	十里堡镇庄禾屯村（101500）	奶牛	350	20
79	密云区	北京润民养殖有限公司	十里堡镇岭东村（101500）	奶牛	385	210
80	密云区	密统奶牛场	十里堡镇统军庄村（101500）	奶牛	387	
81	密云区	兴春奶牛场	十里堡镇统军庄村（101500）	奶牛	400	
82	密云区	秦军锁养殖场	十里堡镇统军庄村（101500）	奶牛	400	
83	密云区	清水潭养殖小区	十里堡镇清水潭村（101500）	奶牛	400	30
84	密云区	北京鼎晟誉玖牧业有限责任公司奶牛二场	西田各庄镇河北庄村	奶牛	400	150
85	密云区	北京海华云都生态农业有限公司	西田各庄镇康各庄村	奶牛	400	800
86	密云区	北京鼎晟誉玖牧业有限责任公司	河南寨镇两河村南（101500）	奶牛	400	12

（续）

序号	区	养殖场（小区）名称	地址（邮编）	养殖品种	养殖规模（头）	占地面积（亩）
87	密云区	北京华盏养殖场	河南寨镇荆栗园村西(101500)	奶牛	400	60
88	密云区	北京康源奶牛有限责任公司	河南寨镇台上村(101500)	奶牛	400	20.7
89	密云区	兴华奶牛养殖协会	河南寨镇新兴村(101500)	奶牛	400	10
90	密云区	刘富强养殖场	河南寨镇提辖庄村（101500）	奶牛	400	40
91	密云区	北京建军振兴养殖场	穆家峪镇大石岭村（101500）	奶牛	400	46
92	密云区	北京海联养殖场	东邵渠镇东邵渠村（101501）	奶牛	400	15
93	密云区	北京东联盛业奶牛奶牛养殖专业合作社	东邵渠镇界牌村(101501)	奶牛	400	17
94	密云区	北京宏盛养殖有限公司	东邵渠镇东邵渠村（101501）	奶牛	400	50
95	密云区	北京润民养殖有限公司	太师屯镇前南台村（101504）	奶牛	400	70
96	密云区	北京仁昌奶牛专业合作社	不老屯镇车道岭村（101516）	奶牛	400	70
97	海淀区	北京科润维德生物技术有限责任公司苏家坨分公司	苏家坨镇(100194)	奶牛	420	930
98	延庆区	北京东五里营金牛养殖中心	延庆镇东五里营村（102100）	奶牛	430	120

（续）

序号	区	养殖场（小区）名称	地址（邮编）	养殖品种	养殖规模（头）	占地面积（亩）
99	延庆区	北京延照富民奶牛养殖中心	延庆镇赵庄村北（102100）	奶牛	450	100
100	延庆区	北京奶牛中心良种场	延庆镇奶牛中心延庆基地（102100）	奶牛	450	30
101	延庆区	夏都顺兴养殖中心	延庆镇司家营村南（102100）	奶牛	450	20
102	延庆区	北京新华兴源奶牛合作社	永宁镇新华营村（102104）	奶牛	450	50
103	延庆区	北京顺达茂盛奶牛养殖合作社	永宁镇南张庄村（102104）	奶牛	450	45
104	延庆区	北京富岭奶牛专业合作社	永宁镇西灰岭村（102104）	奶牛	450	150
105	延庆区	北京鑫运奶牛养殖场	康庄镇郭家堡村东南（102101）	奶牛	460	80
106	延庆区	华夏巨万高科技发展有限公司	康庄镇西红寺村西南（102101）	奶牛	473	30
107	延庆区	北京忠爱林养殖场	康庄镇四街（102101）	奶牛	480	20
108	延庆区	北京伟博萌养殖合作社	康庄镇张老营村（102101）	奶牛	500	70
109	延庆区	北京兴利鹏奶牛养殖中心	康庄镇大营南（102101）	奶牛	500	70
110	延庆区	源源养殖中心	康庄镇张老营村（102101）	奶牛	500	60
111	延庆区	北京阔达兴业养殖场	康庄镇郭家堡村（102101）	奶牛	500	80
112	延庆区	北京旺龙达奶牛养殖合作社	张山营镇后庙村（102115）	奶牛	500	70

（续）

序号	区	养殖场（小区）名称	地址（邮编）	养殖品种	养殖规模（头）	占地面积（亩）
113	延庆区	北京利源永兆养殖中心	旧县镇大柏老村（102109）	奶牛	500	60
114	延庆区	北京茂茂盛奶牛养殖场	旧县大柏老养殖小区（102109）	奶牛	500	50
115	延庆区	北京聚财奶牛养殖场	旧县镇大柏老村（102109）	奶牛	500	30
116	延庆区	北京大地群生养殖专业合作社	香营乡孟官屯村南（102109）	奶牛	500	80
117	延庆区	北京拥军利民奶牛专业合作社	旧县镇大柏老村（102109）	奶牛	500	50
118	延庆区	富香民奶牛养殖专业合作社	香营乡新庄堡村（102109）	奶牛	500	70
119	延庆区	北京香新诚心种植专业合作社	香营乡新庄堡村东（102109）	奶牛	500	45
120	延庆区	北京青山绿水养殖发展中心	旧县镇常里营村西（102109）	奶牛	500	35
121	延庆区	北京市延庆区旧县镇田双贵奶牛养殖场	旧县镇北张庄村南（102109）	奶牛	500	30
122	延庆区	北京常里营养殖专业合作社	旧县镇常里营村东（102109）	奶牛	500	50
123	延庆区	北京市建雄养殖有限公司	旧县镇旧县村南（102109）	奶牛	500	50

（续）

序号	区	养殖场（小区）名称	地址（邮编）	养殖品种	养殖规模（头）	占地面积（亩）
124	延庆区	西龙湾奶牛小区	旧县镇西龙湾村西（102109）	奶牛	500	35
125	延庆区	北京金龙腾达养殖场	旧县镇小柏老村南（102109）	奶牛	500	35
126	延庆区	北京闫庄庆丰养殖场	旧县镇闫庄村（102109）	奶牛	500	50
127	延庆区	北京万盛达养殖场	旧县镇大柏老村（102109）	奶牛	500	30
128	延庆区	古城小区	旧县镇古城村（102109）	奶牛	500	20
129	延庆区	大柏老小区五分社	旧县镇大柏老村（102109）	奶牛	500	20
130	延庆区	屈家窑奶牛小区	香营乡屈家窑村南（102109）	奶牛	500	25
131	延庆区	闫庄富壮牧场	旧县镇闫庄村（102109）	奶牛	500	40.5
132	延庆区	北京天意双兴养殖专业合作社	旧县镇大柏老村西（102109）	奶牛	510	50
133	延庆区	北京市玉光养殖场	旧县大柏老村南（102109）	奶牛	522	40
134	延庆区	北京源茂鑫旺养殖专业合作社	旧县镇耿家营村西（102109）	奶牛	530	35
135	延庆区	大柏老小区四分社	旧县镇大柏老村（102109）	奶牛	550	30

（续）

序号	区	养殖场（小区）名称	地址（邮编）	养殖品种	养殖规模（头）	占地面积（亩）
136	延庆区	北京大吉祥奶牛养殖合作社	四海镇大吉祥村	奶牛	560	50
137	延庆区	北京鸿福玉祥养殖中心	沈家营镇北梁村（102109）	奶牛	600	60
138	延庆区	北京富农兴牧奶牛养殖合作社	沈家营镇马匹营村北（102109）	奶牛	600	50
139	延庆区	后吕庄奶牛养殖小区	沈家营镇后吕庄村（102100）	奶牛	600	120
140	延庆区	北京金鑫园奶牛中心	沈家营镇八里店村北（102100）	奶牛	600	100
141	延庆区	北京夏都鑫兴奶牛养殖场	沈家营镇沈家营村（102100）	奶牛	600	45
142	延庆区	方旭养殖中心	井庄镇井庄村南（102100）	奶牛	600	50
143	延庆区	北京运昌奶牛养殖专业合作社	井庄镇井庄村（102100）	奶牛	600	50
144	延庆区	武爱民养牛专业合作社	井庄镇房老营村（102100）	奶牛	600	55
145	延庆区	北京鸿吉源奶牛养殖场	大榆树镇军营村西（102100）	奶牛	600	55
146	延庆区	北京簸箕营奶牛专业合作社	大榆树镇簸箕营村（102100）	奶牛	600	50
147	延庆区	北京元盛吉养殖专业合作社	大榆树镇簸箕营村（102100）	奶牛	600	45

（续）

序号	区	养殖场（小区）名称	地址（邮编）	养殖品种	养殖规模（头）	占地面积（亩）
148	通州区	北京市马驹桥大盟养殖中心	马驹桥镇陈各庄村（101100）	奶牛	600	13
149	通州区	北京首农畜牧发展有限公司绿荷分公司中以牛场	永乐店镇德仁务村（101100）	奶牛	600	140
150	通州区	北京首农畜牧发展有限公司三垡牛场	永乐店镇三垡村（101100）	奶牛	650	140
151	通州区	北京首农畜牧发展有限公司小务牛场	永乐店镇小务村（101100）	奶牛	666	140
152	通州区	北京首农畜牧发展有限公司绿荷分公司半截河牛场	永乐店镇半截河村（101100）	奶牛	700	140
153	通州区	北京首农畜牧发展有限公司绿荷分公司草厂牛场	永乐店镇草厂村（101100）	奶牛	700	150
154	通州区	北京绿源宇鑫奶牛养殖专业合作社	永乐店镇三垡村（101100）	奶牛	700	50
155	通州区	北京市福乐奶牛场	永乐店镇东河村（101100）	奶牛	700	50
156	通州区	北京永乐治达养殖场	永乐店镇张各庄村（101100）	奶牛	700	50

（续）

序号	区	养殖场（小区）名称	地址（邮编）	养殖品种	养殖规模（头）	占地面积（亩）
157	通州区	北京市涛辉奶牛养殖场	潞城镇谢楼村（101100）	奶牛	700	30
158	通州区	北京市艳苹奶牛场	潞城镇南刘村（101100）	奶牛	800	15
159	通州区	北京市毛丫养殖场	潞城镇大营村（101100）	奶牛	800	15
160	通州区	北京市德瑞养殖场	潞城镇前榆村（101100）	奶牛	800	58
161	通州区	北京宝国奶牛场	潞城镇贾后疃村（101100）	奶牛	800	50
162	通州区	北京金涛养殖场	潞城镇卜落垡村（101100）	奶牛	800	22
163	通州区	北京里二泗奶牛养殖场	张家湾镇坨堤村（101100）	奶牛	800	200
164	通州区	北京市张辛瑞达奶牛场	张家湾镇张辛庄村（101100）	奶牛	800	15
165	通州区	北京东方古运奶牛养殖有限公司	西集镇武辛庄村西	奶牛	800	170
166	通州区	北京星宝奶牛场	西集镇郎西村	奶牛	800	100
167	通州区	北京市西集立成奶牛养殖场	西集镇大沙务村	奶牛	800	15
168	通州区	北京首农畜牧发展有限公司渠头牛场	于家务乡渠头村	奶牛	800	320

（续）

序号	区	养殖场（小区）名称	地址（邮编）	养殖品种	养殖规模（头）	占地面积（亩）
169	通州区	北京首农畜牧发展有限公司绿荷第一牧场	于家务乡渠头村东	奶牛	815	360
170	通州区	北京市漷县昌华养殖场	漷县镇草厂村	奶牛	830	52
171	通州区	北京市漷县财兴缘养殖场	漷县镇小香仪村	奶牛	900	30
172	怀柔区	北京飞鹏万里养殖专业合作社	北房镇安各庄村西南（101400）	奶牛	900	20
173	怀柔区	北京王德山养殖场	北房镇黄吉营村（101400）	奶牛	1 000	50
174	怀柔区	北京万家兴业种养殖专业合作社	北房镇宰相庄村委会西1 000米（101400）	奶牛	1 000	100
175	怀柔区	北京牛瑞祥奶牛养殖有限公司	北房镇北房村西588号（101400）	奶牛	1 000	20
176	怀柔区	北京万众兴利奶牛养殖专业合作社	北房镇宰相庄村东（101400）	奶牛	1 000	110
177	怀柔区	北京福禾园养殖专业合作社	杨宋镇梭草村南（101400）	奶牛	1 000	150
178	怀柔区	北京哈哈乐养殖专业合作社	杨宋镇安乐庄村村委会北500米（101400）	奶牛	1 000	30

（续）

序号	区	养殖场（小区）名称	地址（邮编）	养殖品种	养殖规模（头）	占地面积（亩）
179	怀柔区	北京富鑫奶牛养殖专业合作社	杨宋镇安乐庄养殖小区（101400）	奶牛	1 000	30
180	怀柔区	北京华忠奶牛专业合作社	杨宋镇张各庄村委会北 1 000 米（101400）	奶牛	1 000	80
181	怀柔区	北京茂兴奶牛养殖有限公司	杨宋镇张各庄村南 200 米（101400）	奶牛	1 000	150
182	怀柔区	北京市绿荷隆茂奶牛养殖有限公司	杨宋镇梭草村 415 号（101400）	奶牛	1 000	80
183	怀柔区	北京梭草养殖专业合作社	杨宋镇梭草村东（101400）	奶牛	1 000	200
184	怀柔区	北京兴万家奶牛专业合作社	杨宋镇梭草村天蓝蓝小区（101400）	奶牛	1 000	60
185	怀柔区	北京张各庄奶牛专业合作社	杨宋镇张各庄村村委会南 500 米奶牛养殖小区（101400）	奶牛	1 000	110
186	怀柔区	北京永宏奶牛养殖有限责任公司	桥梓镇后桥梓村（101402）	奶牛	1 000	50
187	怀柔区	北京日兴奶牛养殖合作社	怀柔镇唐自口村东小区（101400）	奶牛	1 000	120
188	怀柔区	北京彩云泉养殖场	北房镇宰相庄村北沙坨（101400）	奶牛	1 000	100

（续）

序号	区	养殖场（小区）名称	地址（邮编）	养殖品种	养殖规模（头）	占地面积（亩）
189	怀柔区	北京市年丰奶牛养殖场	杨宋镇南年丰村 324 号（101400）	奶牛	1 000	20
190	怀柔区	北京王氏伟业奶牛养殖专业合作社	杨宋镇四季屯村（101400）	奶牛	1 150	10
191	怀柔区	北京裕丰兴养殖专业合作社	杨宋镇梭草村村委会南 500 米（101400）	奶牛	1 200	40
192	怀柔区	北京红林奶牛养殖有限责任公司	桥梓镇岐庄村南（101402）	奶牛	1 200	30
193	怀柔区	北京市庙城家逵奶牛专业合作社	庙城镇赵各庄村东南 200 米（101401）	奶牛	1 200	40
194	怀柔区	北京勃毅奶牛养殖专业合作社	北房镇宰相庄北 1 500米（101400）	奶牛	1 200	50
195	怀柔区	北京四季栏山奶牛养殖场	杨宋镇四季屯村村委会东 1 000 米（101400）	奶牛	1 225	40
196	房山区	北京中加永宏科技有限公司（赵营牛场）	琉璃河镇赵营村（102424）	奶牛	1 231	60
197	房山区	北京三力源牧业发展有限公司	琉璃河镇韩营村（102404）	奶牛	1 245	140

（续）

序号	区	养殖场（小区）名称	地址（邮编）	养殖品种	养殖规模（头）	占地面积（亩）
198	房山区	北京森茂种植有限公司	窦店镇兴隆庄（102433）	奶牛	1 295	170
199	房山区	北京双萍养殖有限公司	长沟镇双磨村（102407）	奶牛	1 338	130
200	房山区	北京三元绿荷奶牛养殖中心长阳分部（二场）	长阳镇扬庄子村（102445）	奶牛	1 400	100
201	房山区	北京三元绿荷奶牛养殖中心长阳分部（三场）	长阳镇保合庄村（102445）	奶牛	1 400	100
202	房山区	北京三元绿荷奶牛养殖中心长阳分部（四场）	长阳镇四大队（102445）	奶牛	1 500	100
203	房山区	北京市牧豪养殖有限公司	韩村河镇曹章村（102400）	奶牛	1 500	10
204	房山区	北京圣兴达养殖有限公司	琉璃河镇官庄村（102404）	奶牛	1 568	235
205	房山区	北京长阳益民奶牛专业合作社	长阳镇赵庄村（102445）	奶牛	1 830	200
206	房山区	北京红山石养殖专业合作社	青龙湖镇漫水河村（102471）	奶牛	2 000	15
207	房山区	北京兴旺富德养殖有限公司	周口店镇黄院村（102405）	奶牛	2 000	75
208	房山区	北京市房禧养殖中心	长阳镇赵庄村（102445）	奶牛	2 000	200

（续）

序号	区	养殖场（小区）名称	地址（邮编）	养殖品种	养殖规模（头）	占地面积（亩）
209	房山区	北京万家鼎盛养殖专业合作社	青龙湖镇漫水河村（102471）	奶牛	2 000	20
210	昌平区	中国农业机械化科学研究院北京农机试验站	沙河镇王庄村（102206）	奶牛	2 025	47
211	昌平区	北京市沙河春山奶牛场	沙河镇松兰堡村村东（102206）	奶牛	2 200	60
212	昌平区	北京首农畜牧发展有限公司（北郊五场）	沙河镇七里渠南村（102206）	奶牛	2 300	350
213	昌平区	北京诚远盛隆养殖有限责任公司	沙河镇踩河新村（102206）	奶牛	2 300	35
214	昌平区	北京兴发旧县奶牛场	城南街道旧县村北（102200）	奶牛	2 500	57
215	昌平区	北京首农畜牧发展有限公司（北郊三场）	北七家镇燕丹村东（102209）	奶牛	2 500	135
216	昌平区	北京市小辛庄绪中养殖场	东小口镇小辛庄村（102209）	奶牛	3 000	70
217	昌平区	北京首农畜牧发展有限公司绿荷牛业分公司（南口三牛场）	南口镇南口农场南（102202）	奶牛	3 500	177

（续）

序号	区	养殖场（小区）名称	地址（邮编）	养殖品种	养殖规模（头）	占地面积（亩）
218	昌平区	北京首农畜牧发展有限公司绿荷牛业分公司（南口二牛场）	南口镇南口农场西南（102202）	奶牛	8 000	210
219	昌平区	北京南口满仓种养殖专业合作社	南口镇南辛路南一区（102202）	奶牛	10 000	30
220	昌平区	北京双铭牧业有限公司	兴寿镇兴寿村西（102212）	奶牛	210	9
221	昌平区	中国人民解放军总参谋部信息化部南口生活供应服务中心	马池口镇辛店村北（102202）	奶牛	240	78
222	昌平区	北京市土楼富民奶牛场	马池口镇土楼村755号（102202）	奶牛		70
223	昌平区	北京世信太平洋生物科技有限公司	马池口镇亭自庄北农科技园（102202）	奶牛		50
224	昌平区	北京三石奶牛场有限公司	流村镇西峰山村（102204）	奶牛		150
225	朝阳区	北京三元绿荷奶牛养殖中心朝阳分部（辛堡牛场）	黄港乡上辛堡村南	奶牛		298
226	平谷区	北京兴路庄园养殖中心	大兴庄镇白各庄村（101205）	奶牛		20

附录 2　北京市生鲜乳收购价格、袋装奶销售价格和精饲料价格

时间	生鲜乳收购价（元/千克）	牛奶销售价格（元/袋）	玉米价格（元/千克）	豆粕价格（元/千克）
2011 年 1 月	3.36	1.83	1.99	3.42
2 月	3.35	1.84	2.00	3.54
3 月	3.37	1.86	2.01	3.40
4 月	3.34	1.87	2.08	3.30
5 月	3.33	1.87	2.13	3.21
6 月	3.35	1.85	2.22	3.10
7 月	3.37	1.84	2.30	3.05
8 月	3.33	1.84	2.36	3.07
9 月	3.36	1.84	2.39	3.16
10 月	3.40	1.84	2.33	3.15
11 月	3.40	1.84	2.27	3.07
12 月	3.42	1.84	2.26	2.95
2012 年 1 月	3.45	2.08	2.22	2.95
2 月	3.43	2.18	2.21	2.95
3 月	3.36	2.15	2.23	3.01
4 月	3.34	2.15	2.31	3.20
5 月	3.32	2.15	2.34	3.29
6 月	3.30	2.20	2.34	3.31
7 月	3.28	2.22	2.38	3.59
8 月	3.31	2.22	2.39	3.95
9 月	3.39	2.22	2.36	4.41
10 月	3.42	2.22	2.25	4.23
11 月	3.48	2.18	2.18	3.83
12 月	3.50	1.85	2.13	3.58

（续）

时间	生鲜乳收购价（元/千克）	牛奶销售价格（元/袋）	玉米价格（元/千克）	豆粕价格（元/千克）
2013 年 1 月	3.55	2.48	2.44	4.22
2 月	3.64	2.43	2.45	4.24
3 月	3.64	2.34	2.24	4.30
4 月	3.64	2.3	2.23	4.25
5 月	3.67	2.29	2.18	4.20
6 月	3.66	2.14	2.20	4.30
7 月	3.78	2.14	2.24	4.24
8 月	3.95	2.12	2.30	4.24
9 月	4.28	2.12	2.23	4.40
10 月	4.67	2.14	2.18	4.53
11 月	4.85	2.34	2.18	4.50
12 月	5.10	2.51	2.20	4.43
2014 年 1 月	5.05	2.54	2.20	3.95
2 月	4.95	2.41	2.21	3.91
3 月	4.69	2.41	2.15	3.84
4 月	4.48	2.44	2.15	3.85
5 月	4.24	2.44	2.37	3.89
6 月	4.07	2.44	2.47	3.91
7 月	3.92	2.46	2.58	3.86
8 月	4.02	2.48	2.70	3.85
9 月	4.06	2.48	2.64	3.79
10 月	4.06	2.48	2.55	3.69
11 月	4.10	2.48	2.51	3.80
12 月	3.80	2.52	2.42	3.70

（续）

时间	生鲜乳收购价（元/千克）	牛奶销售价格（元/袋）	玉米价格（元/千克）	豆粕价格（元/千克）
2015年1月	3.86	2.63	2.36	3.53
2月	3.82	2.63	2.32	3.28
3月	3.83	2.63	2.34	3.29
4月	3.79	2.56	2.42	3.21
5月	3.79	2.30	2.46	3.07
6月	3.80	2.30	2.48	2.81
7月	3.75	2.35	2.44	2.82
8月	3.76	2.38	2.39	2.91
9月	3.73	2.38	2.24	2.94
10月	3.74	2.38	2.04	2.94
11月	3.76	2.38	2.01	2.9
12月	3.85	2.56	2.09	2.72
2016年1月	3.82	2.56	2.02	2.68
2月	3.69	2.41	1.95	2.67
3月	3.55	2.40	1.79	2.64
4月	3.45	2.29	1.71	2.65
5月	3.44	2.41	1.75	2.85
6月	3.41	2.46	1.85	3.24
7月	3.37	2.48	2.00	3.56
8月	3.36	2.56	1.87	3.47
9月	3.41	2.56	1.82	3.39
10月	3.42	2.54	1.75	3.42
11月	3.54	2.56	1.80	3.42
12月	3.66	2.54	1.78	3.59

附录3　多级模糊综合分析法原理说明和应用步骤

1　原理解释

1.1　确定因素集 E

$X=(X_1, X_2, X_3, X_4, \cdots, X_n)$，各因素就是指标体系中的具体指标，它们代表了被评价对象的质量。

1.2　确定评语集 B

$B=(B_1, B_2, B_3, B_4, \cdots, B_n)$，评语集是被评价对象评价结果所构成的集合，本书用优、良、中、差4级来表示。

1.3　确定权重集 W

$W=(W_1, W_2, W_3, W_4, \cdots, W_n)$，权重集设定了不同因素，在各系统中的重要程度。

1.4　确定隶属度

确立因素集中各因素对评价集的隶属关系，确定隶属度，建立隶属度函数，得出模糊评价向量 R。$R_{mn}=\{r_{m1}, r_{m2}, \cdots, r_{mn}\}$，单因素模糊评价矩阵表示为：

$$R=\begin{bmatrix} r_{11} & r_{12} & \cdots & r_{1n} \\ r_{21} & r_{22} & \cdots & r_{2n} \\ \cdots & \cdots & \cdots & \cdots \\ r_{m1} & r_{m2} & \cdots & r_{mn} \end{bmatrix}$$

1.5　模糊综合评价

用权重集与单因素模糊评价矩阵做模糊运算，得到评价结果：

$$C = W \cdot R = [W_1, W_2, \cdots, W_n] \cdot \begin{bmatrix} r_{11} & r_{12} & \cdots & r_{1n} \\ r_{21} & r_{22} & \cdots & r_{2n} \\ \cdots & \cdots & \cdots & \cdots \\ r_{m1} & r_{m2} & \cdots & r_{mn} \end{bmatrix}$$

$$= [C_1, C_2, \cdots, C_n]$$

最后，将各因素的 C 值（指标得分）相加，得出每一个子系统 C 值（子系统得分），利用同样的方法，得出整个系统的得分。值得注意的是，在多级模糊综合评价模型中，$E=\{X_1, X_2, X_3, X_4, \cdots, X_n\}$，$E'=\{X_{11}, \cdots, X_{1_{m1}}, X_{21}, \cdots, X_{2_{m2}}, \cdots, X_{p1}, \cdots, X_{p_{mp}}\}$，把 E 称为第二因素集，其中的任何一个元素 X_i，为 E' 的子集。

2 应用步骤

2.1 确定指标体系指标

在前期准备工作中，首先要确定可持续发展指标体系中的所有指标都可以具有时效性和可追溯性，所有指标都应拥有时间序列数据。

2.2 确定时间序列数据年限

由于多级模糊综合分析法的特殊性（平均值点的局限），所以只可以选取 2、4、6、8、10 这样的时间序列数据。因为收尾需要 2 年的数据，中间的数据都需要 2 年一平均才能算出平均值点。

2.3 计算模糊综合分析法的权重

2.3.1 确定各指标时间序列数据的标准差

利用 EXCEL 表格，计算出所有指标的标准差。

2.3.2 利用变异系数法计算权重

明确变异系数法的公式，CV =标准差 / 平均值。

2.3.3 回收计算结果

通过计算，可以得出每一个指标的变异系数。

2.4 确定隶属度

2.4.1 确定平均值点和极值点

举例，当所有评价体系指标选取的是 6 年的时间序列数据时，首先要做的是打破原始数据的固有排列，对所有年限的指标值按由大到小的顺序排序；其次，所谓极值点是指某一个指标在这 6 年中的最大值和最小值，平均值点是指中间 4 年的数据两两平均的结果（注：原始数据并不一定随时间推移而呈现规律性变化）。

2.4.2 根据隶属度函数公式原理计算每个指标的隶属度

2.4.2.1 简易说明

简单来说，就是将原始数据中的各指标历年指标值减去其所在区间的最大值，再除以区间的最小值减去最大值的差额。举例来说，A 指标有 6 年的数据，按照时间序列排列。各年数据用 A_1、A_2、A_3、A_4、A_5、A_6来表示。打破原始数据的固有排列得到的极值点和平均值点用 Z_1、X_1、X_2、Z_2来表示。

若求 A_1的隶属度，首先确定它落在哪个区间里，假设它落在［Z_1、X_1］这个区间里，A_1 的隶属度可以表示为（A_1-X_1）/（Z_1-X_1），同时也可以看到，这 4 个区间实际上就是代表了优、良、中、差 4 个评语的区间。设优、良、中、差分别为 90 分、80 分、70 分、50 分，用每个原始指标的隶属度乘以评语得分，就得到了。

2.4.2.2 特殊情况说明

在计算过程中，有可能会出现 3 种特殊情况。第一种情况是，原始数值落在了极值点上，也就是说，原始指标的数值等于某个极值点的数值。此时，根据综合模糊分析法的理论原理，隶属度应当表示为 0.5，因为其表示的隶属度比较模糊。第二种情况是，原始数据落在了平均值点上，也就是说，原始指标的数据等于某个平均值点的数值。此时，将其隶属度表示为 1，因为其表示的隶属度比较清晰。第三种特殊情况是，当某个指标表示涵义所代表的效益，并不是随着数值的增长而上升的时候，称之为逆指标，在计算最终评价得分时，应当做减法。

2.5 进行模糊运算

由 2.3、2.4 确定了每个指标的权重和隶属度，就可以计算每一个指标的评价得分了。根据模糊综合分析法的计算原理

$$C = W \cdot R = [W_1, W_2, \cdots, W_n] \cdot \begin{bmatrix} r_{11} & r_{12} & \cdots & r_{1n} \\ r_{21} & r_{22} & \cdots & r_{2n} \\ \cdots & \cdots & \cdots & \cdots \\ r_{m1} & r_{m2} & \cdots & r_{mn} \end{bmatrix}$$

$$= [C_1, C_2, \cdots, C_n]$$

得出每个指标的最终评价得分（设优、良、中、差分别为 90 分、80 分、70 分、50 分，用每个原始指标历年数据的综合模糊运算结果分别乘以它们所属区间的得分，就得到了最终的评价得分）。最终将每个指标的得分相加，就得到了每个要素每年的得分（注：在计算结果时，要考虑到上文提到的逆指标问题）。当计算完每个要素的得分时，再利用多级模糊综合分析法的原理，计算北京市奶业可持续发展的总评价得分。原理和模糊综合分析法一样，只不过是将各要素当作是因素集中的元素。

参 考 文 献

陈洁燕，2014. 基于 SPSS 的苏北地区可持续发展能力空间分异研究［J］. 生态环境，16（1）：88-93.

冯琪，2010. 城市创意产业发展影响因素研究［D］. 西安：西北大学.

葛锐，2013. 黑龙江省乳业可持续发展评价研究［D］. 哈尔滨：东北农业大学.

黄燕玲，2009. 基于 GA 优化的农业旅游地可持续发展能力评价［J］. 旅游学刊，24（10）：32-37.

贾瑞稳，2013. 山东省海洋生物产业可持续发展［D］. 青岛：中国海洋大学.

贾若祥，2003. 中国区域可持续发展状态及类型划分［J］. 地理研究，5（9）：609-617.

李来胜，2003. 可持续发展理论的内涵探析［J］. 山东财政学院学报，3（3）：10-12.

刘利，2009. 利益相关者理论的形成与缺陷［J］. 中国石油大学学报（社会科学版）（2）：25.

陆大道，2013. 区域可持续发展研究的兴起与作用［J］. 领域进展，5（3）：290-300.

陆学，2014. 循环经济理论研究综述［J］. 中国人口·资源与环境，24（5）：204-208.

牛文元，2012. 可持续发展理论的内涵认知［J］. 中国人口·资源与环境，22（5）：9-14.

牛文元，2014. 可持续发展理论内涵的三要素［J］. 可持续发展的难点与热点，29（6）：410-415.

仇方道，2009. 基于 MFA 和 DEA 的东北地区矿业城市可持续发展能力评价［J］. 资源科学，31（11）：1898-1906.

唐善茂，2009. 科学发展观视野下对可持续发展理论的审读［J］. 科学发展观学习实践，25（1）：12-15.

田雪莲，2013. 基于DEMATEL模型的黑龙江省石墨产业可持续发展影响因素分析［J］. 中国矿业，8（8）：20-22.

王丽彬，2013. 都市现代农业发展现状及其趋势［J］. 天津农业科学，19（5）：20-24.

肖拥军，2008. 国内利益相关者理论应用研究回顾［J］. 商业研究（7）：36-38.

肖忠海，2014. 我国循环经济理论与实践研究综述［J］. 中国人口·资源与环境，24（5）：204-208.

闫旭晖，2010. 切克兰德软系统思想评述［J］. 自然辩证法研究，12（12）：24-30.

余丹林，1998. 区域可持续发展评价指标体系的构建思路［J］. 地理科学进展，2（6）：84-89.

俞菊生，张晨，吴轶韵，2011. 我国都市型现代农业理论研究与实践进展［C］. 第十三届中国科学技术协会年会第17分会场——城乡一体化与“三农”创新发展研讨会论文集.

袁子嘉，2013. 我国档案事业可持续发展影响因素分析［D］. 哈尔滨：黑龙江大学.

岳宏，2011. 中国肉牛产业可持续发展研究［D］. 长春：吉林农业大学.

曾昭斌，2008. 我国可持续发展理论研究评述［J］. 南阳师范学院学报，11（6）：44-46.

张金萍，2009. 中国区域可持续发展定量研究进展［J］. 生态学报，12（12）：6702-6711.

赵晓康，2002. 论当代系统思想的最新发展及演变趋势［J］. 系统辩证学学报，2（4）：8-17.

Adolph Berle，1932. For whom are corporate manages trustees：a note［J］. Harward lawReview.

Chung-Wei Li，Gwo-Hshiung Tzeng，2009. Identification of a threshold value for the DEMATEL method using the maximum mean de-entropy algorithm to find critical services provided by a semiconductor intellectual property mall［J］. Expert Systems With Applications（6）.

Gala Y，Hadas E，2013. Land allocation：Agriculture vs. urban development in Israel［J］. Land Use Policy.

Huang Qin, Yang Shuang, 2013. Green transformation of regional policies of china for resources saving and environment protection [R]. Proceedings of 2013 International Conference on Public Administration (9th) (Volume Ⅰ).

Joseph Schittone, 2001. Tourism vs. commercial fishers [J]. Ocean and Coastal Management (1).

E Fontela, A Gabus, 1976. The DEMATEL observer, DEMATEL 1976 report.

Qin Y C, Xu M J, 1998. Study on the indicators of regional sustainable development [J]. Acta Geographica.

Yang D G, Niu W Y, Chen S F, et al, 2000. An evaluation of integrated dominance ability of regional sustainable development in China [J]. Scientific Management Research.